Bildungsforschung und Innovationen im Bildungswesen

# Zurück in die Zukunft

VIER OECD-SZENARIEN FÜR SCHULE UND BILDUNG

Das vorliegende Dokument wird unter der Verantwortung des Generalsekretärs der OECD veröffentlicht. Die darin zum Ausdruck gebrachten Meinungen und Argumente spiegeln nicht zwangsläufig die offizielle Einstellung der Organisation oder der Regierungen ihrer Mitgliedstaaten wider.

Dieses Dokument sowie die darin enthaltenen Daten und Karten berühren weder den völkerrechtlichen Status von Territorien noch die Souveränität über Territorien, den Verlauf internationaler Grenzen und Grenzlinien sowie den Namen von Territorien, Städten oder Gebieten.

**Bitte zitieren Sie diese Publikation wie folgt:**
OECD (2021), *Zurück in die Zukunft: Vier OECD-Szenarien für Schule und Bildung*, OECD Publishing, Paris, *https://doi.org/10.1787/4d027cb3-de*.

ISBN 978-92-64-72463-1 (Print)
ISBN 978-92-64-73326-8 (PDF)

**Originaltitel:** *Back to the Future of Education: Four OECD Scenarios for Schooling*
Übersetzung durch den Deutschen Übersetzungsdienst der OECD.

**Foto(s):** Deckblatt © Shutterstock/colorfulset.

Korrigenda zu Veröffentlichungen sind verfügbar unter: *www.oecd.org/about/publishing/corrigenda.htm*.
© OECD 2021

Die Verwendung dieser Arbeiten, sei es in digitaler oder gedruckter Form, unterliegt den Nutzungsbedingungen unter: *http://www.oecd.org/termsandconditions*.

# Vorwort

2020 war ein bewegendes Jahr, ein Jahr der Rückschau und der Vorausschau, in dem uns der globale Schock der COVID-19-Pandemie Demut gelehrt hat. Es hat uns vor Augen geführt, dass die Zukunft immer Überraschungen bereithält, ganz gleich, wie gezielt wir vorausplanen. Um unsere Bildungssysteme zukunftsfähig zu machen, müssen wir sowohl die wahrscheinlichen Veränderungen, als auch unerwartete Entwicklungen in Betracht ziehen.

Es gibt eine Vielzahl von Zukunftsmöglichkeiten. Sie spiegeln sich in unseren Zukunftsvorstellungen, -hoffnungen und -ängsten wider, aber auch in ersten Anzeichen davon, dass bereits eine Veränderung im Gang ist. Die Publikation *Zurück in die Zukunft: Vier OECD-Szenarien für Schule und Bildung* versteht sich als Beitrag zum langfristigen strategischen Denken im Bildungsbereich. Diese Szenarien, die auf einer Publikation aus dem Jahr 2001 aufbauen, machen deutlich, dass nicht nur ein Weg in die Zukunft führt, sondern viele.

Die vorliegende Publikation ist ein Begleitband zur Reihe *Bildung, Trends, Zukunft*, in der alle drei Jahre ein neuer Bericht über die wichtigsten globalen Megatrends und ihre möglichen Auswirkungen im Bildungsbereich veröffentlicht wird. Megatrends lenken den Fokus auf frühere Entwicklungsmuster und geben Denkanstöße für die Zukunft. Szenarien dagegen bieten die Möglichkeit, neue Entwicklungsmuster und -möglichkeiten zu prüfen.

Wenn man über die Zukunft der Bildung nachdenkt, stellt sich insbesondere die Frage, inwieweit die derzeitigen Strukturen unsere Zukunftsvision begünstigen oder behindern. Oder anders ausgedrückt: Was würden wir einem Marsmenschen raten, der eben erst auf der Erde gelandet ist, um sich Tipps für die Gestaltung des Bildungssystems auf seinem Planeten zu holen?

Würden wir ihm nahelegen, unsere Schulsysteme nachzubilden und sie anschließend zu modernisieren und zu verbessern, so wie man bei einem Haus neue Fenster und Türen einsetzt? Oder würden wir ihm empfehlen, Personal, Raum, Zeit und Technologie auf völlig andere Art und Weise zu nutzen? Wer wäre an diesen Transformationsprozessen beteiligt und welche Lebensabschnitte würde dies betreffen? Kindheit und Jugend? Die frühe Kindheit? Das Erwachsenenalter, orientiert am Arbeitsmarktbedarf? Oder das ganze Leben, einschließlich des Lernens von Senior*innen im Alter von 80 und 90+ Jahren, die bedingt durch die Bevölkerungsalterung eine immer größere Kohorte bilden?

Der Weg in die Zukunft wird wahrscheinlich auf einer Kombination beider Ansätze beruhen. Eine Neuausrichtung bzw. Transformation des Bildungssystems ist insofern ein wirkungsvoller Ansatz, als uns dies zwingt, alte Denkmuster aufzubrechen und über unseren Tellerrand hinauszuschauen. Es kann aber ebenso wirkungsvoll sein, beim Status quo anzusetzen und die Institutionen, die sich bewährt haben und im sozialen Gefüge unserer Gesellschaften einen zentralen Platz einnehmen, zu modernisieren.

Dieser Band und die vier darin entwickelten Szenarien für Schule und Bildung bieten Raum für beide Herangehensweisen. Diese Szenarien sollen Denkanstöße liefern, die Fantasie anregen und einen Wandel anstoßen. Sie können genutzt werden, um Bildungssysteme zukunftssicher zu machen und zu überprüfen, wie widerstandsfähig sie gegenüber unerwarteten Schocks sind. Vor allem aber bringen sie uns dazu, ausgetretene Pfade und einfache Lösungen hinter uns zu lassen und die unseren Systemen innewohnenden Spannungslinien zur Kenntnis zu nehmen und uns mit ihnen auseinanderzusetzen. Viel Spaß bei der Lektüre – und bleiben Sie gesund.

**Andreas Schleicher**
Leiter der OECD-Direktion Bildung und Kompetenzen
Sonderberater des Generalsekretärs im Bereich Bildungspolitik

# Dank

Dieses Buch basiert auf den Arbeiten des Centre for Educational Research and Innovation (CERI), den Szenarien des OECD-Programms *Schooling for Tomorrow*, die erstmals 2001 veröffentlicht wurden, sowie auf den Arbeiten zur Publikationsreihe *Bildung, Trends, Zukunft* aus über zehn Jahren. Dank schulden wir zuallererst David Istance, dem langjährigen Senior Analyst des CERI, Leiter der bahnbrechenden Projekte *Schooling for Tomorrow* und *Innovative Learning Environments* und, neben Henno Theisens, Co-Autor des ersten, 2008 erschienenen Bands der überaus erfolgreichen Reihe *Bildung, Trends, Zukunft*.

Darüber hinaus danken wir Petra Packalen (Finnish National Agency for Education und Beiträgerin zu *Bildung, Trends, Zukunft 2008*) und Liana Tang (Centre for Strategic Futures, Büro des Premierministers, Singapur) für die großzügigerweise zur Verfügung gestellten Beispiele aus der Praxis des Zukunftsdenkens in der nationalen Bildungspolitik. Auch unseren Kollegen Duncan Cass-Beggs und Joshua Polchar vom OECD-Referat für Strategische Vorausschau danken wir für ihre Expertise und Mitarbeit bei der Erstellung des Berichts. Guim Tió sei für seine großzügige Unterstützung bei der Covergestaltung gedankt.

Dieses Buch stützt sich auch auf eine Vielzahl anderer Projekte des CERI und der OECD-Direktion Bildung und Kompetenzen. Wir möchten all unseren brillanten Kolleg*innen danken, deren rigorose Arbeiten diese Untersuchung erst möglich gemacht haben.

Unser Dank gilt außerdem all unseren ehemaligen und derzeitigen Kolleg*innen, die uns mit ihren wertvollen Ideen und Anregungen geholfen haben, diesen Band, den Prozess der Szenarioentwicklung und unsere Fähigkeit, systematisch über die Zukunft nachzudenken, zu verbessern. Liam Bekirsky, Mollie Dollinger, Manuela Fitzpatrick, Francesca Gottschalk, Marissa Miller, Joshua Polchar, Nóra Révai, Dhiman Talapatra, Hannah Ulferts und Ziyin Xiong sowie den zahlreichen internen und externen Akteur*innen, die an unseren Future Labs teilgenommen haben, danken wir für ihr Brainstorming zu den analytischen Ansätzen und die Überprüfung verschiedener Versionen der Szenarien. Gedankt sei darüber hinaus auch Andreas Schleicher, dem Leiter der Direktion Bildung und Kompetenzen, sowie Dirk van Damme, dem Interimsleiter des CERI, für ihre Kommentare zum Entwurf, und dem CERI-Verwaltungsrat für die Unterstützung, die Ideen und das Feedback, mit denen er den gesamten Prozess begleitet hat.

Das OECD-Sekretariat gab diesen Band im Rahmen der Arbeiten zu *Bildung, Trends, Zukunft* unter der Federführung von Tracey Burns heraus. Marc Fuster war für die Analysen, die Szenarioentwicklung und den Entwurf der Kapitel 3, 4 und 5 verantwortlich. Tracey Burns verfasste Kapitel 1 und war an den Analysen sowie am Entwurf der Kapitel 4 und 5 beteiligt. Joshua Polchar verfasste Kapitel 2 und steuerte hilfreiche Kommentare zum Entwurf der Publikation bei. Simona Petruzzella und Dhiman Talapatra erstellten die Grafiken. Sophie Limoges und Leonora Lynch-Stein halfen in der Endphase bei der Vorbereitung des Texts für die Veröffentlichung.

Marc Fuster und Tracey Burns

# Inhaltsverzeichnis

| | |
|---|---:|
| Vorwort | 3 |
| Dank | 5 |
| Zusammenfassung | 8 |
| **1 Zurück in die Zukunft: Vier OECD-Szenarien für Schule und Bildung** | **11** |
| Bildung für eine Welt im Wandel | 12 |
| Vielfältige Zukunftsmöglichkeiten | 12 |
| Die Szenarien des OECD-Programms *Schooling for Tomorrow* | 13 |
| Die vier OECD-Szenarien zur Zukunft von Schule und Bildung | 14 |
| Zu guter Letzt | 14 |
| Literaturverzeichnis | 15 |
| **2 Szenarien: ein Nutzerleitfaden** | **17** |
| Einleitung | 18 |
| Warum ist es wichtig, über die Zukunft nachzudenken? | 18 |
| Wie denkt man über die Zukunft nach? | 18 |
| Wie werden Szenarien verwendet? | 23 |
| Literaturverzeichnis | 25 |
| Anmerkungen | 25 |
| **3 Trends in Schule und Bildung: eine Bestandsaufnahme** | **27** |
| Einleitung | 28 |
| Das auf die ersten Lebensabschnitte konzentrierte Bildungsmodell wird weiter ausgebaut | 28 |
| Lernen für eine Welt im Wandel | 31 |
| Der Lehrkörper und die Unterrichts- und Lehrkräftepolitik | 34 |
| Entwicklung der Governance im Bildungssystem | 36 |
| Abschließende Bemerkungen | 38 |
| Literaturverzeichnis | 39 |
| **4 Die OECD-Szenarien zur Zukunft von Schule und Bildung** | **47** |
| Einleitung | 48 |
| Vier neue OECD-Szenarien zur Zukunft von Schule und Bildung | 48 |
| Szenario 1: Ausbau der schulischen Bildung | 51 |
| Szenario 2: Auslagerung der Bildungsangebote | 55 |
| Szenario 3: Schulen als Bildungshubs | 59 |
| Szenario 4: Kontinuierliches Lernen | 63 |
| Literaturverzeichnis | 67 |

**5 Zurück aus der Zukunft: Ergebnisse, Implikationen und Spannungsfelder**   69
    Einleitung   70
    Kontinuität und Umbruch: Dimensionen und Implikationen der Szenarien   70
    Die Zukunft von Schule und Bildung: Ziele und Spannungsfelder   77
    Schlussbemerkung   84
    Literaturverzeichnis   85

## Abbildungen

Abbildung 3.1. Zukunft mit Bildung   28
Abbildung 3.2. Mögliche Akteure im Bildungsbereich   37
Abbildung 5.1. Wie sieht die Zukunft von Schule und Bildung aus?   71
Abbildung 5.2. Wie sieht die Zukunft von Lehrkräften und Unterricht aus?   73
Abbildung 5.3. Wie wird sich die Bildungsgovernance entwickeln?   75

## Infografiken

Infografik 4.1. Überblick: Vier OECD-Szenarien zur Zukunft von Schule und Bildung   49
Infografik 4.2. Szenario 1: Ausbau der schulischen Bildung   53
Infografik 4.3. Szenario 2: Auslagerung der Bildungsangebote   57
Infografik 4.4. Szenario 3: Schulen als Bildungshubs   61
Infografik 4.5. Szenario 4: Kontinuierliches Lernen   65

# Zusammenfassung

Die Bilder der Zukunft unterscheiden sich – manche beruhen auf Annahmen, andere sind von Hoffnungen geprägt, wieder andere von Ängsten. Um uns auf die Zukunft vorzubereiten, müssen wir nicht nur wahrscheinliche Veränderungen, sondern auch unerwartete Entwicklungen in Betracht ziehen. Die Corona-Pandemie hat uns 2020 vor Augen geführt, wie schnell alles infrage gestellt sein kann, was wir für sicher erachten.

Die Publikation *Zurück in die Zukunft: Vier OECD-Szenarien für Schule und Bildung* versteht sich als ein Instrument für langfristiges strategisches Denken im Bildungsbereich. Die beschriebenen Szenarien beziehen ihre Inspiration aus einer Reihe von Szenarien, die 2001 für das wegweisende OECD-Programm *Schooling for Tomorrow* entwickelt wurden. Sie können uns dabei helfen, mögliche Chancen und Herausforderungen zu erkennen und Stresstests für unvorhergesehene Schocks durchzuführen. Wir können sie nutzen, um besser vorbereitet zu sein und bereits jetzt geeignete Maßnahmen zu ergreifen.

## Wozu Szenarien?

Szenarien sind fiktive Darstellungen verschiedener möglicher Zukunftsentwicklungen. Sie beinhalten weder Vorhersagen noch Empfehlungen. Sich verschiedene Szenarien vorzustellen, heißt begreifen, dass nicht nur ein Weg in die Zukunft führt, sondern viele. **Kapitel 2** bietet einen Überblick über die Methoden der strategischen Vorausschau und hebt drei wesentliche Aspekte hervor: 1. Hypothesen aufstellen und prüfen, 2. Planungen Stresstests unterziehen und zukunftsfest machen und 3. Gemeinsame Zukunftsvisionen für Maßnahmen in der Gegenwart entwickeln. Das Kapitel beschreibt die wesentlichen Schritte bei der Nutzung von Szenarien. Dazu werden Fragen formuliert, um insbesondere mögliche Folgen zu untersuchen und ein strategisches Vorgehen zu ermöglichen.

## Vier OECD-Szenarien zur Zukunft von Schule und Bildung

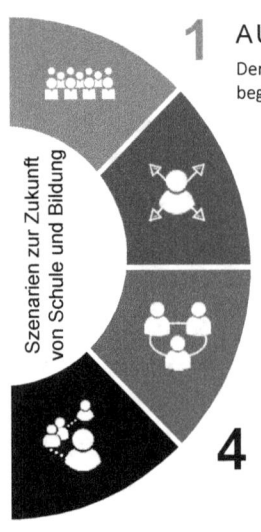

**1 AUSBAU DER SCHULISCHEN BILDUNG**
Der Aufwärtstrend bei der formalen Bildungsbeteiligung hält an. Internationale Zusammenarbeit und technischer Fortschritt begünstigen ein stärker individualisiertes Lernen. Die schulischen Strukturen und Prozesse bleiben intakt.

**2 AUSLAGERUNG DER BILDUNGSANGEBOTE**
Die traditionellen Schulsysteme weichen einem stärkeren direkten Engagement der Gesellschaft in der Bildung. Lernen findet in vielfältigeren, privatisierten und flexiblen Strukturen statt, wobei digitalen Technologien eine Schlüsselrolle zukommt.

**3 SCHULEN ALS BILDUNGSHUBS**
Schulen bleiben bestehen, aber Vielfalt und Experimentieren sind die Norm. Die Öffnung der Schulen nach außen ermöglicht enge Kontakte mit der lokalen Bevölkerung und fördert eine kontinuierliche Weiterentwicklung der Lernformen, zivilgesellschaftliches Engagement und soziale Innovation.

**4 KONTINUIERLICHES LERNEN**
Bildung findet immer und überall statt. Die Gesellschaft setzt voll auf das Potenzial von Maschinen und die Grenzen zwischen formalem und informellem Lernen sind aufgehoben.

## Die Gegenwart verstehen, um die Zukunft zu denken

**Kapitel 3** beleuchtet, wie sich Bildungsziele, -aufgaben, -strukturen, -organisation, -prozesse und -praktiken in den letzten zwanzig Jahren verändert haben. Der anhaltende Ausbau der formalen Bildung wird dabei ebenso erörtert wie die Weiterentwicklung, die unser Verständnis von menschlichem Lernen mit der Zeit erfahren hat und erfährt. Außerdem skizziert das Kapitel aktuelle Veränderungen bei den Lernzielen und untersucht, wie Lehrkräfte, Schulen und Schulsysteme durch Bildungspolitik und -praxis in die Lage versetzt werden, auf solche Veränderungen zu reagieren.

In **Kapitel 4** werden die vier OECD-Szenarien zusammen mit wichtigen Diskussionspunkten präsentiert. Der Zeithorizont der Szenarien liegt bei etwa zwanzig Jahren – lang genug für einen signifikanten Wandel, der über den unmittelbaren Handlungshorizont der Politikverantwortlichen hinausgeht, aber auch kurz genug, um nicht nur Zukunftsforscher*innen und Visionär*innen anzusprechen.

## Sieben Spannungsfelder auf dem Weg in die Bildungszukunft

Wenn die Bildung auch in Zukunft ihrem Auftrag gerecht werden soll, die Menschen in ihrer persönlichen und beruflichen Entwicklung und ihrem Engagement als mündige Bürger zu unterstützen, muss sie sich weiterentwickeln. In einer komplexen, sich rasch wandelnden Welt ist es hierfür u. U. erforderlich, das formelle und informelle Lernumfeld neu zu organisieren und Bildungsinhalte und -angebote neu zu gestalten. Dies gilt angesichts der Bevölkerungsalterung nicht nur für die Grundbildung, sondern auch für das lebenslange Lernen.

Wie kann das am besten gewährleistet werden? Ebenso wenig wie eine einzige Zukunft gibt es einen einzig richtigen Weg dorthin. Bestehende Probleme werden in Zukunft nicht einfach wie durch ein Wunder verschwinden. Durch Analyse, Reflexion und Vorbereitung können wir schwierigen Herausforderungen effektiver begegnen. **Kapitel 5** steckt sieben Spannungsfelder ab, die es dabei zu berücksichtigen gilt:

Ein Großteil der Arbeiten des OECD Centre for Educational Research and Innovation (CERI) zielt auf eine stärker evidenzbasierte Bildungspolitik, die Entwicklungen in anderen Ländern sowie anderen Zeithorizonten Rechnung trägt, langfristig ausgerichtet ist und die größeren Zusammenhänge in den Blick nimmt. Dieser Tradition ist auch die vorliegende Publikation verpflichtet. Die Welt ist ständig im Wandel. Eine zukunftsfeste Bildung kann also nicht einfach auf Lehren aus der Vergangenheit basieren. Die Zukunft hat bereits begonnen und sollte Bildungssystemen ein Wegweiser sein. Ob wir Erfolg haben werden, wird davon abhängen, wie effektiv wir unser Wissen nutzen, um die Zukunft zu antizipieren, und wie schnell wir beginnen, sie zu gestalten.

# 1 Zurück in die Zukunft: Vier OECD-Szenarien für Schule und Bildung

Die Welt unterliegt einem ständigen Wandel. Dabei gibt es immer eine Vielzahl von Zukunftsmöglichkeiten. Sie spiegeln sich in unseren Zukunftsvorstellungen, -hoffnungen und -ängsten wider. Um uns auf die Zukunft vorzubereiten, müssen wir nicht nur wahrscheinliche Veränderungen, sondern auch unerwartete Entwicklungen in Betracht ziehen. Dieser Bericht, der bei den wegweisenden Szenarien des OECD-Programms *Schooling for Tomorrow* ansetzt, stellt vier Szenarien für die Bildung im Jahr 2040 vor und zeigt damit nicht einen Weg in die Zukunft auf, sondern mehrere. Mithilfe dieser Szenarien können mögliche Chancen und Herausforderungen im Bildungsbereich ermittelt werden. Wir können sie nutzen, um uns besser vorzubereiten und bereits jetzt geeignete Maßnahmen zu ergreifen.

## Bildung für eine Welt im Wandel

Die Welt verändert sich. Die Zahl der Geburten steigt ebenso wie die Lebenserwartung. Der beispiellose weltweite wirtschaftliche und gesellschaftliche Wandel, der durch die Digitalisierung angestoßen wurde, geht mit einer stärkeren Vernetzung der Märkte und einer größeren ethnischen, sprachlichen und kulturellen Vielfalt unserer Gesellschaften einher. Diese Veränderungen sind nicht bloß kosmetischer Art, sondern stellen einen grundlegenden Wandel der wirtschaftlichen Kräfteverhältnisse und unserer Lebensweise dar.

Der Bildung kommt dabei die Aufgabe zu, die Kompetenzen und Fähigkeiten zu vermitteln, die nötig sind, um in der modernen Welt erfolgreich zu sein. Dies macht sie zu einem wirkungsvollen Instrument zur Verringerung der Chancenungleichheit. Doch obwohl im OECD-Raum praktisch alle Kinder und Jugendlichen Schulen der Primarstufe und Sekundarstufe I besuchen, wächst die Ungleichheit – sowohl zwischen als auch innerhalb von Ländern. Die Kluft zwischen Arm und Reich ist heute so groß wie seit 30 Jahren nicht mehr.

Wenn die Bildung auch in Zukunft ihrem Auftrag gerecht werden soll, die Menschen in ihrer persönlichen und beruflichen Entwicklung und ihrem Engagement als mündige Bürger zu fördern, muss sie sich weiterentwickeln. Sie muss relevant bleiben, damit sie unsere Kinder weiterhin bei der Entwicklung ihrer Identität und der Integration in die Gesellschaft unterstützen kann. In einer komplexen, sich rasch wandelnden Welt ist es hierfür u. U. erforderlich, das formelle und informelle Lernumfeld neu zu organisieren und Bildungsinhalte und -angebote neu zu gestalten. Dies gilt angesichts der Bevölkerungsalterung wohl nicht nur für die Grundbildung, sondern auch für das lebenslange Lernen.

Bildung kann das Leben benachteiligter Menschen verbessern, indem sie ihnen die Kompetenzen vermittelt, die nötig sind, um in der modernen Welt Erfolg zu haben. Darüber hinaus kann sie auch der zunehmenden Fragmentierung und Polarisierung der Gesellschaft entgegenwirken und Einzelne und Gruppen zur aktiven Teilhabe an zivilgesellschaftlichen Prozessen und demokratischen Institutionen befähigen. Mit dem Zugang zu Bildung und Wissen eröffnen sich nicht nur Chancen für den Einzelnen und die Gesellschaft, sondern auch Möglichkeiten, die Zukunft unserer globalisierten Welt aktiv zu gestalten.

Die Zukunft ist grundsätzlich nicht vorhersehbar. Vergegenwärtigen Sie sich eine Entwicklung der letzten 20 Jahre, die Sie nicht für möglich gehalten hätten. Sei es die Corona-Pandemie, die Erfindung und Omnipräsenz von Smartphones oder etwas anderes – solche Entwicklungen zeigen, dass die Zukunft stets Überraschungen bereithält. Auch das schwierige Jahr 2020 hat uns vor Augen geführt, dass sich vermeintlich sichere Zukunftsannahmen schlagartig ändern können. Dies stellt uns zwar vor Herausforderungen, ist aber zugleich ein Aufruf zum Handeln und eine Mahnung, uns besser vorzubereiten – sowohl auf die erwarteten Entwicklungen und als auch auf unerwartete.

## Vielfältige Zukunftsmöglichkeiten

Das Jahr 2020 hatte für Vordenker*innen der Zukunft seit jeher einen besonderen Reiz. Um die Jahrhundertwende beflügelte die ferne Zukunft im Jahr 2020 die Phantasie zu den unterschiedlichsten Vorhersagen. So wurde z. B. vorausgesagt, dass die Menschen in fliegenden Häusern leben werden, oder auch, dass sie dank Teleportation gar keine Verkehrsmittel mehr brauchen werden. Selbst Mitte des 20. Jahrhunderts lagen Zukunftsprognosen für das Jahr 2020 noch voll im Trend. Sie waren durch den kürzeren Zeitabstand jedoch nicht zutreffender geworden, wie folgendes Beispiel zeigt:

> „Im Jahr 2020 könnten wir gut ausgebildete Tiere als Angestellte haben, auch Affenchauffeure." (RAND Corporation Long-Range Forecasting Study, 1968)

Die meisten unserer Zukunftsvorstellungen sind linear und basieren auf einer Fortschreibung aktueller Trends. Trends können sich aber auch abschwächen, verstärken, verändern oder enden. Selbst langfristige Entwicklungen können durch unvorhergesehene Ereignisse unterbrochen werden. Über zurückliegende Entwicklungen herrscht überdies oft Uneinigkeit, und selbst wenn Einigkeit besteht, erweist sich die Zukunft selten einfach als eine Fortschreibung früherer Entwicklungsmuster. Außerdem wissen wir nicht im Voraus, welche Trends anhalten und welche sich verändern werden und in welchem Kontext dies geschehen wird. Manchmal liegen wir mit unseren Prognosen einfach falsch.

> „Das Pferd wird bleiben, das Automobil ist nur eine Modeerscheinung." (Präsident der Michigan Savings Bank zum Anwalt des Erfinders des Automobils Henry Ford im Hinblick auf Investitionen in die Ford Motor Company, 1903)

Da weder konkrete Fakten noch Daten über die Zukunft vorliegen, kann sie nur im Dialog greifbar werden. Die Zukunft kann nicht passiv beobachtet werden. Es bedarf vielmehr einer aktiven Diskussion, um Erkenntnisse über sie zu gewinnen und gemeinsam entscheiden zu können, welche Maßnahmen in der Gegenwart ergriffen werden sollten. Sich verschiedene Zukunftsszenarien vorzustellen, heißt also begreifen, dass nicht nur ein Weg in die Zukunft führt, sondern viele (OECD, 2001[1]).

Szenarien sind mehr als die Extrapolation eines bestimmten Trends. Sie berücksichtigen Trends u. U., indem sie beschreiben, wie die Zukunft aussehen könnte, wenn sich einer oder mehrere Trends fortsetzen (oder verändern). Für sich genommen haben Szenarien keinen Eigenwert. Einen Nutzen entfalten sie erst, wenn sie im Rahmen eines strategischen Dialogs entwickelt bzw. verwendet werden.

## Die Szenarien des OECD-Programms *Schooling for Tomorrow*

2001 wurde im Rahmen des OECD/CERI-Programms *Schooling for Tomorrow* ein Bericht mit sechs Zukunftsszenarien veröffentlicht. In diesen Szenarien wurde der Gesamtzusammenhang der strategischen Bildungsziele und der damit verknüpften komplexen und langfristigen Veränderungsprozesse in den Blick genommen, um zu beleuchten, wie sich die Bildung in den kommenden Jahren entwickeln könnte und wie die Bildungspolitik zur Gestaltung dieser Zukunft beitragen könnte. Diese fiktiven Szenarien enthielten weder Vorhersagen noch Empfehlungen. Sie wurden – wie alle Szenarien – entwickelt, um Erkenntnisse zu gewinnen und in der Gegenwart geeignete Maßnahmen zu ergreifen. Dazu wurden Hypothesen über mögliche künftige Entwicklungen aufgestellt, geprüft und entsprechend angepasst.

Die Autor*innen des Berichts bemängelten damals, dass das vorausschauende Denken im Bildungsbereich im Vergleich zu anderen Politikbereichen relativ wenig entwickelt sei, obwohl ein grundlegendes Merkmal der Bildung darin besteht, dass sich ihr Nutzen über einen sehr langen Zeitraum hinweg entfaltet ((OECD, 2001[1]), S. 77)). Seither sind fast zwanzig Jahre vergangen, in denen Zukunftsdenken auch im Bildungsbereich Einzug gehalten hat. In der Regel geht es aber mit ehrgeizigen Visionen und Roadmaps für die gewünschte Zukunft einher. Diese ehrgeizigen Visionen dienen als Grundlage, um die politische Agenda festzulegen und bei verschiedenen Akteursgruppen einen Dialog über die zur Verwirklichung dieser Visionen erforderlichen Lehrpläne, pädagogischen Ansätze und Systemleistungen anzustoßen.

Die Stärke einer solchen Herangehensweise liegt darin, dass ihr Hauptaugenmerk auf der Verwirklichung der angestrebten Zukunft liegt. Damit werden Systeme aber nicht auf unvorhergesehene Schocks vorbereitet. Die Tatsache, dass die Zukunft stets Überraschungen bereithält, bleibt dabei nämlich außen vor. Um in einem schwierigen und unsicheren Umfeld zukunftsfest zu werden, müssen verschiedene plausible Zukunftsszenarien entwickelt, deren mögliche Auswirkungen untersucht und eventuelle Implikationen für die Politik aufgezeigt werden. Dies ist das Ziel der vorliegenden Publikation, die bei den Szenarien von *Schooling for Tomorrow* aus dem Jahr 2001 ansetzt. Der vorliegende Bericht befasst sich mit dem Zukunftsdenken in verschiedenen Politikbereichen, überprüft und aktualisiert die vor knapp zwanzig Jahren entwickelten Szenarien und entwirft davon ausgehend vier neue Szenarien zur Zukunft von Schule und Bildung.

## Die vier OECD-Szenarien zur Zukunft von Schule und Bildung

Das auf die Einführung folgende **Kapitel 2** gibt einen kurzen Überblick über die Methoden der strategischen Vorausschau. Es beschreibt die verschiedenen Aspekte der Vorausschau und legt dar, warum sich Vorausschau und Zukunftsdenken für die Planung und Entwicklung zukunftsfester Systeme eignen. Strategische Vorausschau ist immer dann erforderlich, wenn im Hinblick auf die künftigen Veränderungen eines Bereichs ein hohes Maß an Unsicherheit besteht. Dies gilt für bereichsübergreifende nationale Entscheidungen ebenso wie für Entscheidungen in bestimmten Sektoren oder Politikbereichen wie der Bildung. Am Beispiel der beiden sehr unterschiedlichen Bildungssysteme Finnlands und Singapurs wird schließlich konkret veranschaulicht, was strategische Vorausschau im Bildungsbereich bewirken kann.

**Kapitel 3** skizziert einige der wichtigsten Entwicklungen in der Bildungspolitik und -praxis der letzten Jahrzehnte. Der erste Abschnitt beschäftigt sich mit der „Vermassung" und Expansion der Bildung, die immer mehr Menschen erreicht und sich zunehmend auf das gesamte Leben erstreckt. Ein weiterer Abschnitt befasst sich mit den wachsenden Bildungserwartungen und ihren Auswirkungen auf verschiedene Bereiche der schulischen Bildung und des Unterrichts, angefangen von Evaluierungs-, Beurteilungs- und Zertifizierungsprozessen bis hin zu Maßnahmen in Bezug auf Unterricht und Lehrkräfte. Auch die Veränderungen der Governance im Bildungsbereich und deren Auswirkungen auf Planung, Umsetzung und Zukunftserwartungen des Sektors werden erörtert.

**Kapitel 4** beschreibt vier Szenarien zur Zukunft von Schule und Bildung im Jahr 2040. Der Zeithorizont dieser Szenarien liegt also bei etwa zwanzig Jahren – lang genug für einen signifikanten Wandel, der über den unmittelbaren Handlungshorizont der Politikverantwortlichen hinausgeht, aber auch kurz genug, um nicht nur Zukunftsforscher*innen und Visionär*innen anzusprechen. Die alternativen Zukunftsszenarien sind 1. der Ausbau der schulischen Bildung, 2. die Auslagerung der Bildungsangebote und die damit einhergehende Stärkung der Bildungsmärkte, 3. Schulen als Bildungshubs und 4. das Ende des schulbasierten Lernens und der schulischen Bildung im Allgemeinen.

**Kapitel 5** befasst sich abschließend mit den wichtigsten Implikationen und Spannungsfeldern, die sich aus den Szenarien ergeben. Außerdem wird untersucht, welche Grundsatzfragen diese vielfältigen Zukunftsmöglichkeiten aufwerfen. Die Ziele, auf die Schulen hinarbeiten, sind ebenso vielfältig und komplex wie die möglichen Entwicklungen, die sich im schulischen Alltag und seinen Prozessen abzeichnen. Eindeutige Antworten liefert dieses Kapitel nicht. Die ergeben sich erst, wenn die Szenarien in einem konkreten Zusammenhang verwendet und reflektiert werden. Es werden vielmehr Bereiche aufgezeigt, die größeres Augenmerk verdienen und in denen weitere Diskussionen lohnend sein könnten.

## Zu guter Letzt

Da die Methoden der bildungspolitischen Vorausschau noch nicht ausgereift sind, bedarf es weiterhin beträchtlicher Anstrengungen, um ein entsprechendes Instrumentarium zu entwickeln, das den bildungspolitischen Entscheidungen zugrunde gelegt werden kann. Ein solches Instrument sind Szenarien. Sie nehmen erst im Dialog, den sie auf verschiedenen Ebenen und unter wichtigen Akteuren anstoßen, vor dem Hintergrund der Gegebenheiten des jeweiligen Landes Gestalt an. Szenarien sollten nicht als ausgefeilte, abgeschlossene Zukunftsentwürfe betrachtet werden, sondern als Ausgangspunkt für eine echte

Auseinandersetzung. Dieses Buch soll Fragen aufwerfen, Denkanstöße liefern und ein kritisches und kreatives Nachdenken über die verschiedenen Entwicklungsmöglichkeiten im Bildungsbereich fördern.

Ein Großteil der Arbeiten des CERI zielt auf eine stärker evidenzbasierte bildungspolitische Entscheidungsfindung ab, die Entwicklungen in anderen Ländern sowie anderen Zeithorizonten Rechnung trägt, langfristig ausgerichtet ist und größere Zusammenhänge in den Blick nimmt. Dieser Tradition ist auch die vorliegende Publikation verpflichtet.

## Literaturverzeichnis

OECD (2001), *What Schools for the Future?*, Schooling for Tomorrow, OECD Publishing, Paris, https://dx.doi.org/10.1787/9789264195004-en. [1]

# 2 Szenarien: ein Nutzerleitfaden

In einer Welt hoher Unsicherheit ist der Versuch, Vorhersagen oder Prognosen für die Zukunft aufzustellen, nur von begrenztem Nutzen. Dagegen ist es ausgesprochen sinnvoll, mehrere plausible Zukunftsszenarien zu entwickeln, ihre Auswirkungen zu untersuchen und mögliche Konsequenzen für die Politikgestaltung zu identifizieren. Szenarien sind alternative Zukunftsentwürfe in der Form von Momentaufnahmen oder Geschichten, die einen Zukunftskontext abbilden. Sie sind absichtlich fiktiv und beinhalten weder Vorhersagen noch Empfehlungen. Szenarien betrachten nicht, was in der Zukunft geschehen wird oder was geschehen sollte, sondern zeigen nur auf, was geschehen könnte. Partizipation und Dialog sind für ihre effektive Nutzung unerlässlich. Szenarien helfen uns, aus der Zukunft zu lernen, um unser Verständnis der Gegenwart anzupassen und zu aktualisieren. Dazu ist es notwendig, ihren Zweck zu bestimmen, sie zu analysieren, Implikationen aufzuzeigen und strategische Maßnahmen zu ergreifen.

## Einleitung

In diesem Kapitel soll erläutert werden, wie die Szenarioplanung von verschiedenen interessierten Gruppen genutzt werden kann – jenen, die Gedanken zu nicht eingetretenen Zukunftsentwicklungen nutzen wollen, um die sicher eintretende Zukunft mitzugestalten. Diejenigen, die sich für die Anwendung der strategischen Vorausschau interessieren oder eigene Szenarien entwerfen möchten, seien an die zahlreichen Ressourcen verwiesen, die es zu diesem Thema gibt.[1]

### Warum ist es wichtig, über die Zukunft nachzudenken?

Bildungssysteme sind derzeit mehreren Belastungen ausgesetzt, u. a. wirtschaftlichen Verwerfungen, internationalen Spannungen, Polarisierung und schwindendem Vertrauen, starker Zuwanderung und Bevölkerungsalterung. Da die heutigen Herausforderungen unmittelbar angegangen werden müssen, nehmen sich die Regierungen häufig nicht die Zeit, sich vom Hier und Jetzt zu lösen und sich mit der Zukunft zu befassen (Fuerth, L. und E. Faber, 2012[1]). Doch die Zukunft wird nicht weniger große Herausforderungen bereithalten: Klimabedingte Krisen, die weitere Digitalisierung von Volkswirtschaften und Gesellschaften sowie neue Formen politischer Turbulenzen im In- und Ausland könnten zu einer Zukunft führen, die sich stark von unseren allgemeinen Erwartungen unterscheidet.

Was bedeutet es, in einem solch schwierigen Kontext zukunftsfest zu sein? In einer Welt hoher Unsicherheit ist der Versuch, Vorhersagen oder Prognosen für die Zukunft aufzustellen, nur von begrenztem Nutzen. Dagegen ist es ausgesprochen sinnvoll, mehrere plausible Zukunftsszenarien zu entwickeln, ihre Auswirkungen zu untersuchen und mögliche Konsequenzen für die Politikgestaltung zu identifizieren. Ferner ist es wichtig, über den Rahmen der traditionellen Silostrukturen hinauszublicken und zu untersuchen, welche unerwarteten Schnittstellen und Interaktionen es zwischen verschiedenen Entwicklungen gibt. Veränderungen können tiefgreifender sein und rascher voranschreiten, als sie mit unseren deliberativen (und bisweilen langwierigen) politischen Entscheidungsprozessen bewältigt werden können. Wenn Veränderungen exponentiell zunehmen, muss dies auch für die Fähigkeit von Bildungssystemen gelten, darauf zu reagieren.

### Wie denkt man über die Zukunft nach?

Die strategische Vorausschau ist eine Disziplin, in der Gedanken zur Zukunft strukturiert betrachtet werden. Ziel dabei ist es, Mittel und Wege zu finden, die eine bessere Entscheidungsfindung in der Gegenwart ermöglichen. Sie beruht auf dem Grundsatz, dass unsere Fähigkeit, die Zukunft vorherzusagen, immer begrenzt ist, dass es aber dennoch möglich ist, kluge Entscheidungen zu treffen, wenn wir uns vielfältige Zukunftsentwicklungen vorstellen und sie nutzen. Strategische Vorausschau ist immer dann erforderlich, wenn die Veränderungen des jeweiligen Zukunftskontexts mit einer hohen Unsicherheit behaftet sind. Dies gilt sowohl für bereichsübergreifende nationale Entscheidungen als auch für Entscheidungen in bestimmten Sektoren oder Politikbereichen wie der Bildung. Die strategische Vorausschau bietet drei wesentliche Vorteile:

- *Antizipation*: Es gilt, Veränderungen zu erkennen und sich auf sie vorzubereiten, blinde Flecken zu vermeiden und Entwicklungen zu berücksichtigen, die rein intuitiv zwar nicht relevant, wahrscheinlich oder wirkungsvoll erscheinen, uns aber überraschen könnten.
- *Innovative Strategien*: Es werden Handlungsmöglichkeiten aufgezeigt, die unter neuen Gegebenheiten sinnvoll sind und unser Verständnis der Gegenwart anpassen oder aktualisieren.
- *Zukunftssicherheit*: Bestehende Planungen, Strategien oder Maßnahmen werden unterschiedlichen Bedingungen unterworfen und Stresstests unterzogen.

In der Praxis der strategischen Vorausschau wird häufig von „Nutzern" gesprochen. Das ist darauf zurückzuführen, dass mehrere Zukunftsbilder untersucht werden, die einem bestimmten Personenkreis helfen. Im Gegensatz dazu wird bei Vorhersagen und Prognosen versucht, eine einzig richtige Zukunft zu identifizieren, die für alle gleich ist. Der in dieser Publikation ins Auge gefasste Nutzer ist die Bildungseinrichtung oder -organisation der Leser*innen – zum Beispiel eine Schule, ein Bildungsministerium oder eine Kommune.

---

**Kasten 2.1. Zukunftsdenken im Bildungsbereich: Finnland**

**Antizipation des Kompetenzbedarfs und Ansichten zur Zukunft von Schule und Bildung**

Zukunftsdenken fällt in Finnland auf fruchtbaren Boden. Sowohl im öffentlichen als auch im privaten Sektor werden Megatrends und treibende Kräfte identifiziert und von der nationalen bis zur kommunalen Ebene Szenarien und Visionen entwickelt. Im Parlament gibt es einen ständigen Ausschuss für die Zukunft, jede Regierung veröffentlicht einen Zukunftsbericht und die Ministerien bereiten eigene Zukunftsprüfungen vor. Das Büro des Premierministers und der finnische Innovationsfonds Sitra koordinieren ein nationales Vorausschau-Netzwerk, in dem sich eine Vielzahl von Akteuren aus verschiedenen Bereichen der Gesellschaft zusammengeschlossen haben.

Der Bildungssektor bildet diesbezüglich keine Ausnahme. Das schulische Umfeld ist komplex und von raschem Wandel geprägt. Zukunftsdenken wird seit Langem dazu genutzt, Bildungsinhalte zu antizipieren und die Möglichkeiten und Herausforderungen für die Entwicklung von Lehren und Lernen besser zu verstehen. Ein Beispiel dafür ist das nationale Forum zur Antizipation des Kompetenzbedarfs (National Forum for Skills Anticipation), ein Sachverständigengremium, das Hunderte von Vertreter*innen aus dem Wirtschaftssektor, dem Bildungsbereich, der Forschung und der Verwaltung an einen Tisch bringt, um Veränderungen im Kompetenzbedarf zu antizipieren. Die vom Forum ausgearbeiteten Ergebnisse hinsichtlich des quantitativen und qualitativen Kompetenzbedarfs und die von ihm unterbreiteten Vorschläge zur Entwicklung der Bildungsangebote werden derzeit von verschiedenen Parteien analysiert und diskutiert.

Ein weiteres Beispiel war das Barometer „Zukunft des Lernens 2030" (Future of Learning 2030), das 2009 von der nationalen Bildungsbehörde Finnlands (Finnish National Agency for Education vormals Finnish National Board of Education) ins Leben gerufen wurde. Es diente dazu, die Reform der Kernlehrpläne zu unterstützen. In den darauffolgenden Jahren wurde es mehrmals neu aufgelegt.

Das Barometer stützte sich auf Techniken der Zukunftsforschung wie die Delphi-Methode. Dabei wurden die unterschiedlichen Ansichten verschiedener Gruppen in drei Panels erfasst und erörtert. Bei seiner zweiten Auflage wurden fünf Szenarien erstellt, um die verschiedenen potenziellen Diskontinuitäten, die die Zukunft bereithalten könnte, weiter zu beleuchten. Die im Barometer hervorgehobenen Aspekte wurden in der Lehrplangestaltung aufgegriffen. Dazu gehörten beispielsweise die sich wandelnde Rolle von Lehrkräften und Schüler*innen, verschwimmende Grenzen zwischen Gesellschaft und Schule und innerhalb der Schule selbst sowie die Bedeutung transversaler Kompetenzen beim Lehren und Lernen.

**Quelle**: Airaksinen, T., I. Halinen und H. Linturi, (2017[2]) sowie Ministry of Education and Culture, (2019[3]).

***Weitere Informationen:***

Vorausschau-Aktivitäten und Zukunftsarbeit, Büro des Premierministers, Finnland, https://vnk.fi/en/foresight.

*Methoden der strategischen Vorausschau*

In der strategischen Vorausschau kommen viele verschiedene Methoden zur Anwendung. Es ist beispielsweise möglich, Signale für zukünftige Veränderungen zu erkennen (Horizon-Scanning)[2] oder wünschenswerte Zukunftsvisionen zu entwerfen und die zu ihrer Verwirklichung notwendigen Schritte auszuarbeiten. Eine weitere Methode besteht darin, Roadmaps für die zukünftige Technologieentwicklung zu erstellen. Für die Zwecke dieses Kapitels kommt zwei Methoden besondere Bedeutung zu: Trends und Szenarien.

*Trends* sind ein unerlässlicher Teil des Zukunftsdenkens. Sie zeigen mehrere Möglichkeiten auf, wie Vergangenheit und Gegenwart zur Zukunft führen können, da sie prognostizieren, was geschehen könnte, falls ein bestimmter Trend anhalten sollte. Trends helfen uns, den Unterschied zwischen dem, was konstant ist, was sich gerade verändert und was sich ständig wandelt, zu erkennen. Häufig stellen sie auch unsere Annahmen und unsere Voreingenommenheit bezüglich des wirklichen Geschehens infrage. Publikationen wie *Bildung, Trends, Zukunft* (OECD, 2019[4]) bieten den Vorteil, dass sie die Bedeutung umfassenderer Entwicklungen außerhalb eines bestimmten Bereichs aufzeigen, da die größten Systembrüche außerhalb des betreffenden Systems entstehen können.

> Szenarien sind absichtlich fiktiv und beinhalten weder Vorhersagen noch Empfehlungen. Partizipation und Dialog sind für ihre effektive Nutzung unerlässlich.

*Szenarien* sind alternative Zukunftsentwürfe (in der Regel drei oder vier zum Vergleich) in der Form von Momentaufnahmen oder Geschichten, die einen Zukunftskontext abbilden. Sie sind absichtlich fiktiv und beinhalten weder Vorhersagen noch Empfehlungen. Sie werden konstruiert, um in der Gegenwart zu lernen und Maßnahmen zu ergreifen. Erreicht wird dies, indem Hypothesen über mögliche zukünftige Entwicklungen aufgestellt, geprüft und angepasst werden.

Szenarien sind mehr als nur eine Trendextrapolation. Sie können Trends berücksichtigen, indem sie beschreiben, wie die Zukunft aussehen könnte, wenn sich ein oder mehrere Trends fortsetzen (oder ändern) sollten. Für sich genommen haben Szenarien keinen Eigenwert. Einen Nutzen entfalten sie erst, wenn sie im Rahmen eines strategischen Dialogs entwickelt bzw. verwendet werden.

*Warum brauchen wie Szenarien?*

In der strategischen Vorausschau sind Szenarien besonders weitverbreitet. Es gibt sogar mehrere Denkschulen, die sich damit befassen, wie sie entwickelt und genutzt werden sollten. Für die Leser*innen dieser Publikation sind Szenarien jedoch ganz allgemein ein besonders nutzbringender Ansatz der strategischen Vorausschau. Dies ist auf die folgenden drei Aspekte zurückzuführen:

- *Erkundung*: Szenarien bieten Expert*innen einen sicheren Raum, unterschiedliche Meinungen zu vertreten und die Hypothesen der anderen infrage zu stellen. Da wir wissen, dass ein Szenario keine Zukunft ist, deren Eintreten erwartet wird, können wir in unseren Diskussionen freier sein. Es ist nicht möglich oder gar wünschenswert, in einer Diskussion über verschiedene Szenarien „richtig" zu liegen. Dies ist ein Grund dafür, warum nicht nur ein Szenario, sondern gleich mehrere entwickelt werden. Wenn wir die Zukunft erkunden, können wir uns von unseren tief verwurzelten Annahmen befreien, die sich als unbegründet und schädlich erweisen könnten, wenn sie nicht hinterfragt werden.
- *Kontext*: Szenarien ermutigen uns, darüber nachzudenken, wie die Zukunft sein wird und wie es wäre, wenn sich das Paradigma, das unser Denken maßgeblich bestimmt, ändern würde. Während sich Prognosen und Vorhersagen eher auf einzelne Messgrößen oder Ereignisse konzentrieren, bieten uns Szenarien die Möglichkeit, die Zukunft als Ganzes, d. h. das Gesamtbild zu betrachten.

- *Narrativ*: Szenarien können zu wirkungsvollen Instrumenten werden, um innerhalb einer Organisation ein gemeinsames Handlungsbewusstsein zu erzeugen. Da Szenarionarrative eine Reihe von Zukunftserfahrungen schaffen, die nicht nur eigene Figuren und Ereignisse, sondern auch eine eigene Logik haben, sind gute Szenarionarrative so einprägsam, dass sie in das Selbstverständnis einer Organisation einfließen können.

---

**Kasten 2.2. Zukunftsdenken im Bildungsbereich: Singapur**

**Langfristiges Denken und Planen**

Ende der 1980er Jahre begann die Regierung Singapurs, Kapazitäten im Bereich der strategischen Vorausschau zu entwickeln. Den Anfang bildete die Szenarioplanung im Verteidigungsministerium. In der Folgezeit wurde die Szenarioplanung als Instrument für den langfristigen politischen Denkprozess und die Entwicklung im öffentlichen Dienst eingeführt.

Das Centre for Strategic Futures (CSF) wurde 2009 als Denkfabrik für Vorausschau in der Strategiegruppe des Büros des Premierministers gegründet, um die langfristigen Denk- und Planungskapazitäten im gesamten öffentlichen Dienst zu stärken. Dazu wurden losgelöst vom Tagesgeschäft neue Methoden des Zukunftsdenkens evaluiert, unvorhergesehene Ereignisse (Black-Swan-Ereignisse) identifiziert und Notfallpläne entwickelt. Das CSF unterhält zudem ein Netzwerk von Fachleuten und strategischen Planer*innen, darunter verschiedene Vorausschau-Einheiten von Ministerien und Behörden, Alumni der Zukunftswissenschaften und internationale Vordenker*innen.

Ein zentrales Ergebnis der strategischen Vorausschau ist die Entwicklung einer zukunftsgerichteten Geisteshaltung und Kultur im öffentlichen Dienst. Im Bildungsbereich haben bestimmte treibende Kräfte wie der rasche technische Fortschritt, drohende Ungleichheit und die sich ändernden Lebensziele junger Menschen einen großen Einfluss auf die Art und Weise, wie wir die Bevölkerung auf die Zukunft vorbereiten. So hat das Bildungsministerium in den letzten Jahren die Reformbewegung „Learn for Life" ins Leben gerufen, die sechs sukzessiv eingeführte Stoßrichtungen umfasst:

- „Joy of Learning" (Freude am Lernen), in deren Mittelpunkt zielgerichtetes Lernen steht, das nicht einfach nur den schulischen Leistungen Bedeutung beimisst, sondern von Interesse und Leidenschaft geleitet ist.
- „One Secondary Education, Many Subject Bands" (Eine Sekundarbildung, viele Niveaustufen) ermöglicht es Schüler*innen, verschiedene Fächer in einem ihren Fähigkeiten entsprechenden Tempo zu lernen.
- „Education as an Uplifting Force" (Aufstieg durch Bildung) stärkt die Bildung in ihrer Funktion, soziale Unterschiede auszugleichen. Dazu wurden erhebliche Investitionen in die Vorschulerziehung und Stipendienprogramme getätigt, um sicherzustellen, dass alle Zugang zu Bildung haben und sie sich leisten können.
- „Learning Languages for Life" (Sprachen fürs Leben lernen) unterstützt das Erlernen der verschiedenen Muttersprachen, die die multikulturelle Gesellschaft und das multikulturelle Erbe Singapurs widerspiegeln, sowie von Fremdsprachen, um die Schüler*innen auf die regionale und internationale Zusammenarbeit mit anderen Menschen vorzubereiten.
- „Refreshing Our Curriculum" (Aktualisierung unserer Lehrinhalte) verbessert die Charakterbildung und staatsbürgerliche Erziehung, stärkt die digitale Kompetenz für alle und unterstützt Schüler*innen dabei, Asien kennenzulernen.
- „Skills Future for Educators" (Zukunftsgerichtete Kompetenzentwicklung des Lehrpersonals) schließlich unterstützt Lehrkräfte dabei, Lernende fit für die Zukunft zu machen.

Da die Welt komplex und unsicher bleiben und Singapur auch in Zukunft mit besonderen Herausforderungen konfrontiert sein wird, wird es künftig noch wichtiger sein, die Methoden der strategischen Vorausschau diszipliniert anzuwenden. Das CSF wird den öffentlichen Dienst weiterhin dabei unterstützen, seine langfristigen Denk- und Planungskapazitäten zu stärken, damit heute bessere Entscheidungen getroffen werden können und sich besser auf die Zukunft vorbereitet werden kann.

**Quelle**: Ministry of Education, (2020[5]).

***Weitere Informationen:***

Centre for Strategic Futures, Strategiegruppe, Büro des Premierministers, Singapur, https://www.csf.gov.sg/.

**Wie werden Szenarien verwendet?**

### 1. ZWECKBESTIMMUNG
*Bestimmen, warum Szenarien nützlich sind*

- Welche Organisation möchte über ihre Zukunft nachdenken?
- Warum gibt es die Organisation?
- Mit welchen Akteuren interagiert die Organisation?
- Welche Strategien, Programme oder Maßnahmen würden der Organisation zufolge von einer Diskussion verschiedener Szenarien profitieren?

### 2. ANALYSE
*Die Logik und die Merkmale des Szenarios verstehen*

- Welche Signale deuten in der Gegenwart darauf hin, dass ein bestimmtes Szenario möglicherweise bereits eintritt?
- Wie würde jemand, der in einer dieser zukünftigen Welten lebt, sie einem jetzt lebenden Menschen beschreiben?

### 3. IMPLIKATIONEN
*Darüber nachdenken, wie es den Nutzer\*innen in den Szenarien ergehen würde*

- Welche neuen Bedrohungen und Chancen ergeben sich für uns in den jeweiligen Szenarien?
- Welche Stärken und Schwächen würde unsere Organisation in den verschiedenen Szenarien haben?
- In welchen Szenarien können wir am besten oder am schlechtesten überleben und uns erfolgreich entwickeln, und warum?
- Welche neuen strategischen Herausforderungen und Prioritäten ergeben sich aus diesen Szenarien?

### 4. STRATEGISCHE MASSNAHMEN
*Zur aktuellen Tätigkeit der Nutzerorganisation zurückkehren*

- Wie sehen unsere strategischen Entscheidungen aus?
- Wie schneiden die bestehenden Praktiken in den einzelnen Szenarien ab?
- Auf welche neuen Veränderungen oder Anzeichen für einen Wandel müssen wir achten?
- Welche neuen Möglichkeiten gibt es, bestehende Stärken mit neuen Chancen zu kombinieren?
- Mit welchen neuen Möglichkeiten lässt sich verhindern, dass sich bestehende Schwächen mit neuen Bedrohungen verbinden?
- Mit welchen neuen Fragen müssen wir uns heute auseinandersetzen?
- Welche neuen Handlungsmöglichkeiten sind im Zusammenhang mit diesen Überlegungen sinnvoll?

## Kasten 2.3. Hindernisse im szenariobasierten Politikdialog

*Hindernis Nr. 1*: Es wird versucht, die Wahrscheinlichkeit der Szenarien abzuschätzen (entweder einzeln betrachtet oder im Vergleich zu anderen Szenarien). Dies kann sich auch darin äußern, dass ein bestimmtes Szenario vernachlässigt wird, weil sein Eintreten unwahrscheinlich erscheint.

- *Warum es auftritt*: Dieses Hindernis ist häufig durch die irrige Annahme bedingt, dass Szenarien Prognosen oder Vorhersagen seien. Viele gehen auch davon aus, dass es sich nur lohnt, wahrscheinliche Zukunftsentwicklungen zu erörtern.

- *Warum es nicht hilfreich ist*: Wenn versucht wird, die Wahrscheinlichkeit zu beurteilen, wird die Aufmerksamkeit nicht auf die Strategie, der die Szenarien dienen sollen, sondern auf ihre Validität selbst gerichtet. Es ist viel einfacher, die Arbeit anderer zu kritisieren als unsere eigene Strategie! Außerdem wird dadurch eine Prämisse der Szenarioplanung untergraben, nämlich zu akzeptieren, dass ein Großteil zukünftiger Entwicklungen nicht vorhersehbar ist und dass vieles geschehen wird, was aus heutiger Sicht unwahrscheinlich erscheint. Ferner ist es möglich, heute positive Erkenntnisse aus fiktiven zukünftigen Ereignissen zu ziehen, auch wenn sie nie wirklich eintreten werden.

- *Wie es angegangen werden kann*: Dialogteilnehmer*innen können an Ereignisse erinnert werden, die sich in jüngerer Zeit ereignet haben und die ein Jahrzehnt früher fast unmöglich erschienen wären (davon gibt es viele). Außerdem kann es hilfreich sein, Fabeln heranzuziehen, die bekanntermaßen fiktiv sind, aber dennoch wertvolle Erkenntnisse liefern können. Szenarien sind Fiktionen über die Zukunft, aus denen wir lernen können. Eine weitere nützliche Technik besteht darin, die Frage zu stellen, welche Entwicklungen in der Gegenwart darauf hindeuten, dass das gegebene Szenario bereits Wirklichkeit wird.

*Hindernis Nr. 2*: Es wird versucht, die Maßnahmen zu identifizieren, die die problematisch erscheinenden Merkmale eines bestimmten Szenarios neutralisieren oder „lösen" würden. Dazu kann es auch kommen, wenn die Teilnehmer*innen ein Szenario als „instabil" beschreiben und nach Möglichkeiten suchen, ihr Zukunftsbild wieder näher an den Status quo oder aktuelle Erwartungen heranzubringen.

- *Warum es auftritt*: Dieses Hindernis tritt auf, wenn die Teilnehmer*innen akzeptieren, dass ein Szenario eintreten könnte, es aber für unerwünscht halten und glauben, dass sie seine Verwirklichung verhindern oder die Entwicklung umkehren können, sobald es eingetreten ist. Im Politikdialog ist es nicht ungewöhnlich, dass die Beteiligten nicht unterscheiden können, was 1. die Politik insgesamt zu erreichen vermag und 2. ihre eigene Organisation allein und durch ihre derzeitigen Partnerschaften erreichen kann.

- *Warum es nicht hilfreich ist*: Ein wesentliches Prinzip von Szenarien ist, dass die Nutzer*innen gezwungen werden sollten, sich zu überlegen, wie sie mit alternativen Zukunftsentwicklungen umgehen würden, die sie nicht selbst bestimmen können. Nur wer seine eigenen Grenzen versteht, kann konkrete Maßnahmen erkennen, die in der Zukunft Erfolg versprechend sind. Szenarien können äußerst aufschlussreiche Optionen für die öffentliche Politik insgesamt aufzeigen, doch wenn der Dialog den Nutzer*innen keine Anhaltspunkte für konkrete Maßnahmen liefert, wird die erhoffte Wirkung ausbleiben.

- *Wie es angegangen werden kann*: Die Teilnehmer*innen sollten sich von der Gegenwart lösen und sich vorstellen, was sie machen würden, wenn sie heute einschlafen und in der vom Szenario beschriebenen Welt aufwachen würden. Es kann auch hilfreich sein, die Ansichten der Teilnehmer*innen mit verbalen Mitteln zu strukturieren. So kann man beispielsweise darauf bestehen, dass jeder zur Szenarioanalyse geäußerte Satz mit den Worten „Dies ist eine Welt, in der..." beginnt.

**Weitere Informationen:**

Strategic Foresight, OECD, https://www.oecd.org/strategic-foresight/.

## Literaturverzeichnis

Airaksinen, T., I. Halinen und H. Linturi (2017), "Futuribles of learning 2030 – Delphi supports the reform of the core curricula in Finland", *European Journal of Futures Research*, Vol. 5/2, http://dx.doi.org/10.1007/s40309-016-0096-y. [2]

Fuerth, L. und E. Faber (2012), *Anticipatory Governance Practical Upgrades: Equipping the Executive Branch to cope with increasing speed and complexity of major challenges*, National Defense University Press, Washington, D.C., https://ndupress.ndu.edu/Portals/68/Documents/Books/CTBSP-Exports/Anticipatory-Governance.pdf?ver=2017-06-16-105921-030. [1]

Ministry of Education (2020), "Learn for Life – Ready for the Future: Refreshing Our Curriculum and Skillsfuture for Educators", Pressemitteilung, 04. März, Ministry of Education, Singapur, https://www.moe.gov.sg/news/press-releases/learn-for-life--ready-for-the-future--refreshing-our-curriculum-and-skillsfuture-for-educators (Abruf: 25. März 2020). [5]

Ministry of Education and Culture (2019), "Anticipation of skills and education needs in Finland", Ministry of Education and Culture, Finnland, https://minedu.fi/documents/1410845/4150027/Anticipation+of+skills+and+education+needs/d1a00302-8773-bbe0-39a0-46e0d688d350/Anticipation+of+skills+and+education+needs.pdf. [3]

OECD (2019), *Bildung, Trends, Zukunft 2019*, OECD Publishing, Paris, https://doi.org/10.1787/738db6c1-de. [4]

## Anmerkungen

[1] Zum Beispiel Ramírez, R. und A. Wilkinson (2016), *Strategic Reframing: The Oxford Scenario Planning Approach*, Oxford University Press, Oxford und New York.

[2] Horizon-Scanning selbst kann auf unterschiedlichste Art und Weise durchgeführt werden. Alles hängt davon ab, nach welchen Leitfragen gesucht wird. Dies kann iterative Überprüfungen, automatisiertes Text-Mining, Expertenbefragungen und Web-Scraping umfassen. Der Zweck besteht nicht darin, die „richtigen" Zukunftsvorstellungen zu finden, sondern vielmehr die in der Gegenwart auftretenden starken und schwachen Signale zu erkennen, die auf Veränderungen hindeuten und den Nutzer in der Zukunft überraschen und für ihn bedeutsam sein könnten.

# 3 Trends in Schule und Bildung: eine Bestandsaufnahme

Ein besseres Verständnis der Gegenwart hilft uns, über mögliche Zukunftsentwicklungen nachzudenken. Dieses Kapitel beschreibt, wie sich Bildungsziele, -aufgaben, -strukturen, -organisation, -prozesse und -praktiken in den letzten zwanzig Jahren verändert haben. Es befasst sich mit dem anhaltenden Aufwärtstrend bei der formalen Bildung in den ersten Lebensabschnitten, angefangen von der frühkindlichen Bildung, Betreuung und Erziehung bis hin zur Tertiärbildung, und erörtert, wie sich die Vorstellungen vom menschlichen Lernen und die individuellen Lernziele gewandelt haben. Außerdem wird gezeigt, wie die Bildungspolitik und -praxis die Lehrkräfte, Schulen und Schulsysteme darauf vorbereitet, effektiv auf diese Veränderungen zu reagieren.

## Einleitung

Dieser Bericht entwirft mehrere Szenarien zur Zukunft von Schule und Bildung. Um über mögliche Zukunftsentwicklungen nachzudenken, bedarf es einer Bestandsaufnahme der Gegenwart. Daher werden in diesem Kapitel die wichtigsten die Schule und die Bildung betreffenden Entwicklungen und Themen der letzten zwanzig Jahre skizziert. Hierzu zählen u. a. der Aufwärtstrend bei der formalen Bildungsbeteiligung, das zunehmend bessere Verständnis menschlichen Lernens, die wachsenden gesellschaftlichen Erwartungen an Schulen und Lehrkräfte sowie die Strategien der Bildungspolitik und -praxis, die sicherstellen sollen, dass Lehrkräfte, Schulen und Bildungssysteme diesen Anforderungen gewachsen sind.

## Das auf die ersten Lebensabschnitte konzentrierte Bildungsmodell wird weiter ausgebaut

Die Teilnahme an formaler Bildung in jungen Jahren ist nicht bloß zur Selbstverständlichkeit geworden, sie nimmt weiter zu. Durch die Schulpflicht in der Primarstufe und Sekundarstufe I nehmen im OECD-Raum praktisch alle Kinder und Jugendlichen an formaler Bildung teil. In vielen Fällen gehen die hohen Teilnahmequoten zudem über die Pflichtschulzeit hinaus: In einigen OECD-Ländern nehmen Kinder und Jugendliche bis zu 17 Jahre lang an Bildung teil.

Die Bildungsbeteiligung vor und nach der Pflichtschulzeit nimmt ebenfalls zu. 2017 nahmen in fast allen OECD-Ländern mehr als 90 % der 4- und 5-Jährigen an frühkindlicher Bildung, Betreuung und Erziehung (FBBE) teil und in einem Drittel der Länder galt dies auch für die überwiegende Mehrheit der 3-Jährigen. Auch bei der Bildungsbeteiligung nach der Pflichtschulzeit setzte sich der Aufwärtstrend fort: In nur zehn Jahren (2008-2018) stieg der Anteil junger Menschen (24- bis 34-Jährige) mit Tertiärabschluss von 35 % auf 44 % (OECD, 2019[1]).

### Abbildung 3.1. Zukunft mit Bildung

Einwohnerzahl nach Bildungsniveau, weltweit, 1970-2100

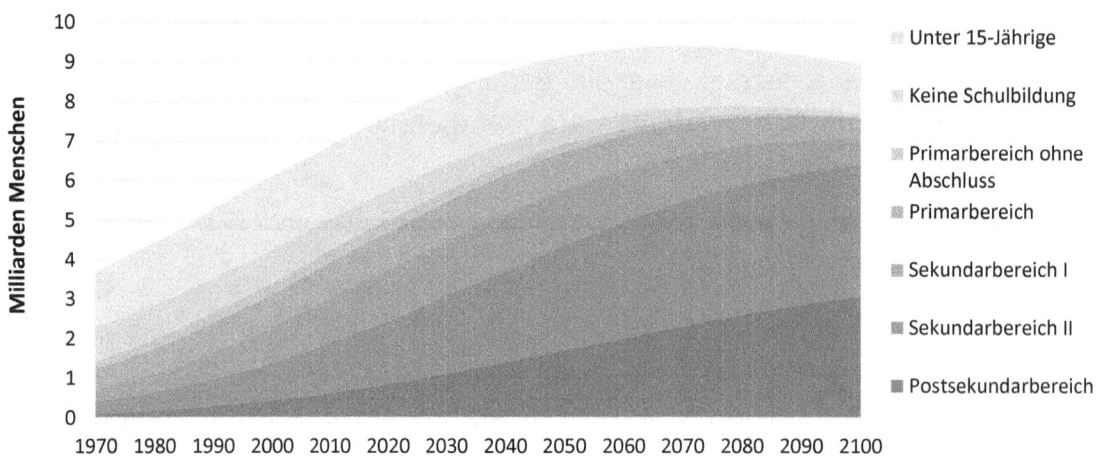

Anmerkung: Die Projektionen basieren auf dem mittleren Szenario (SSP2) des Centre of Expertise on Population and Migration (CEPAM).
Quelle: Wittgenstein Centre for Demography and Global Human Capital (2018[2]).

*Formale Bildung bringt hohe Erträge …*

Bildung ist ein Gemeingut, das Grundrechte wie zivilgesellschaftliche und politische Partizipation, Gesundheit und Wohlergehen fördert (UNESCO, 2016[3]). Menschen mit hohem Bildungsniveau beteiligen sich in stärkerem Maße am demokratischen Prozess und geben häufiger an, ein politisches Mitspracherecht zu haben, sich ehrenamtlich zu engagieren und anderen zu vertrauen (OECD, 2017[4]). Außerdem sind sie mit größerer Wahrscheinlichkeit körperlich und psychisch gesünder, da ein höheres Bildungsniveau mit weniger Risikoverhalten und einem gesünderen Lebensstil einhergeht (OECD, 2019[5]; 2019[6]).

Auch für die wissensbasierte Wirtschaft ist Bildung von grundlegender Bedeutung (OECD, 2019[7]). Durch Bildung entsteht Humankapital: Das höhere Kompetenzniveau der Menschen steigert die wirtschaftliche Produktivität und fördert die Entwicklung und Einführung von Zukunftstechnologien (Goldin, C. und L. Katz, 2007[8]). Vor diesem Hintergrund schneiden Hochqualifizierte in Bezug auf Beschäftigungsfähigkeit und Erwerbseinkommen wesentlich besser ab (OECD, 2019[1]; 2019[6]). Es gibt deutliche Anzeichen einer Polarisierung der Beschäftigung (OECD, 2017[9]), d. h. dass der Gesamtbeschäftigungsanteil der Arbeitsplätze im mittleren Lohnsegment sinkt, während die Anteile im Hoch- und Niedriglohnsegment steigen. Trotzdem wird u. U. von allen Arbeitskräften ein höheres Qualifikationsniveau erwartet, wenn die Arbeitsplätze im Niedriglohnsegment in zunehmendem Maße auch komplexe Nichtroutinetätigkeiten umfassen, die nicht automatisiert werden können (Autor, D., F. Levy und R. Murnane, 2003[10]), wie z. B. in der Pflege.

Es gibt eine Vielzahl von Publikationen, die sich mit der Frage beschäftigen, wie sich der technische Fortschritt auf die Zukunft der Arbeit und der Arbeitsplätze auswirken könnte. Die Prognosen reichen von einem Arbeitskräfte- und Arbeitsplatzmangel bis hin zu extremeren Vorstellungen vom Ende der Arbeit (Brown, P. und E. Keep, 2018[11]). Die bei künstlicher Intelligenz, maschinellem Sehen und der Bewegungsfähigkeit von Robotern erzielten Fortschritte könnten auf einen Großteil der gegenwärtig existierenden Arbeitsplätze durchaus beträchtliche Auswirkungen haben (Elliott, 2017[12]). Die künftigen Auswirkungen auf die Arbeitskräfte sind allerdings nur schwer abzuschätzen, da der Einsatz von Technologien in der Wirtschaft von einer Vielzahl von wirtschaftlichen und organisatorischen Faktoren abhängt (Brynjolfsson, E. und T. Mitchell, 2017[13]). Hinzu kommt, dass sich mit den Möglichkeiten, die Computer bieten, auch die Kompetenznachfrage am Arbeitsmarkt weiterentwickelt. In den letzten vierzig Jahren ist beispielsweise die Nachfrage nach sozialen und emotionalen Kompetenzen gestiegen (Deming, 2017[14]).

Bildung, selbst frühkindliche Bildung (OECD, 2017[15]; 2020[16]), kann auch im späteren Lebensverlauf noch beträchtliche Vorteile bringen. Die Bildungserträge steigen. Gleichzeitig stehen immer mehr Lernmöglichkeiten außerhalb der traditionellen Schulen und Hochschulen zur Verfügung, darunter Bildungsangebote von Community Colleges, gewinnorientierten Universitäten und Fachhochschulen sowie diverse digitale Programme. Da sich Arbeitgeber erst im Lauf der Zeit ein Bild von den Kompetenzen ihrer Beschäftigten machen können, stützen sich viele von ihnen bei der Auswahl von Bewerber*innen auf unmittelbar verfügbare, aber unzureichende Indikatoren wie formale Abschlüsse (Bol, 2015[17]). Daher sind Bildungsabschlüsse in vielen Ländern immer noch ein besserer Prädiktor für eine Beschäftigung als die tatsächlich vorhandenen Kompetenzen (OECD, 2019[6]).

Eine wichtige Frage ist, ob bessere Methoden zur Erfassung auch außerhalb der Schule erworbener Kompetenzen eine Entlastung darstellen würden, da sich Bildungseinrichtungen dadurch stärker auf das Lernen als auf das Sortieren konzentrieren könnten und wirtschaftliche Ressourcen für den Einzelnen und die Gesellschaft frei werden würden. Dies wiederum wirft die weiter reichende Frage auf, welchen Stellenwert Bildungseinrichtungen in einer Gesellschaft haben, die akzeptiert, dass überall und praxisbezogen gelernt wird, und die in der Lage ist, ein breites Spektrum möglicher Lernergebnisse zu erfassen. Würden sich Schulen in einer solchen Gesellschaft erübrigen?

## ... doch es gibt nach wie vor Zugangshindernisse

Trotz der wachsenden Bedeutung von Bildung und des Ausbaus des Schulsystems stellt der ungleiche Zugang zu Bildungsleistungen nach wie vor eine Herausforderung dar. Davon betroffen sind z. B. Schüler*innen mit Migrationshintergrund oder Flüchtlingsstatus, da sprachliche und kulturelle Barrieren sowie auf Schul- und Länderebene bestehende Unterschiede bei Lehrplänen und Unterrichtsmethoden erhebliche Auswirkungen auf ihre Bildungserfahrungen haben (OECD, 2017[18]; 2018[19]; Cerna, 2019[20]). Ein weiteres Beispiel ist die Bildung in ländlichen Räumen, insbesondere in entlegenen und dünn besiedelten Gegenden, die häufig über kleinere Schulen mit sehr begrenzten personellen und finanziellen Ressourcen verfügen und wo Schüler*innen oft einen mehrstündigen Schulweg zurücklegen müssen (OECD, 2017[21]; 2018[22]). Schüler*innen mit Lernschwierigkeiten, körperlichen Behinderungen und psychischen Störungen sind ebenfalls betroffen. Sie haben nicht immer Zugang zum regulären Bildungsangebot. In einigen Schulsystemen kehrt sich dieser Trend allerdings um (OECD, 2017[23]).

Darüber hinaus haben Schüler*innen mit ungünstigem sozioökonomischem Hintergrund mit größerer Wahrscheinlichkeit Schwierigkeiten in der Schule. Sie nehmen seltener an frühkindlicher Betreuung, Bildung und Erziehung teil, haben geringere Erwartungen im Hinblick auf Tertiärbildung und besuchen seltener einen tertiären Bildungsgang (OECD, 2019[1]). Ein wesentlicher Grund für die bei Bildungszugang und Bildungschancen bestehenden Ungleichheiten ist die intergenerationelle Weitergabe von Vorteilen: Die Eltern sozioökonomisch begünstigter Schüler*innen sind mit höherer Wahrscheinlichkeit sowohl in Bezug auf das Bildungsniveau als auch in Bezug auf die Erwerbstätigkeit bessergestellt. Dies ist nicht bloß in moralischer und politischer Hinsicht problematisch, es beeinträchtigt auch die wirtschaftliche Produktivität und die Innovationstätigkeit (OECD, 2017[24]).

Chancengerechtigkeit war in den letzten zwanzig Jahren ein prioritäres Anliegen der OECD-Länder (OECD, 2019[25]). Bestimmte Maßnahmen können helfen, soziale, wirtschaftliche und kulturelle Barrieren abzubauen. Dies gilt z. B. für den Zugang zu frühkindlicher Bildung, Betreuung und Erziehung, Finanzierungssysteme, die die sozioökonomische Zusammensetzung von Schulen berücksichtigen, längere Unterrichts- und Betreuungszeiten und einen besseren Zugang zu nichtformalen Lernaktivitäten (OECD, 2017[26]; OECD, 2018[22]; OECD, 2019[27]). Andere Maßnahmen scheinen dagegen dazu beizutragen, diese Barrieren zu festigen, so z. B. Klassenwiederholungen, die frühe Aufteilung auf verschiedene Schultypen und die freie Schulwahl (OECD, 2019[28]; OECD, 2018[29]).

## Sind Massenschulsysteme und lebenslanges Lernen miteinander vereinbar?

Die Bevölkerung in den OECD-Ländern wird älter und ist weitgehend bei guter Gesundheit (OECD, 2019[7]). Immer mehr Erwachsene bleiben über das gesetzliche Rentenalter hinaus erwerbstätig und der Zugang zu lebenslangem Lernen wird zu einem wichtigen Faktor für die berufliche Weiterentwicklung. Zwischen der Teilnahme an formaler Bildung und der Erwerbsbeteiligung 25- bis 64-Jähriger besteht ein enger Zusammenhang, und Absolvent*innen des Tertiärbereichs sind mit doppelt so hoher Wahrscheinlichkeit erwerbstätig wie Personen mit einer Ausbildung unterhalb des Sekundarbereichs II (OECD, 2019[1]). Der Zugang Erwachsener zu Lernmöglichkeiten wird durch institutionelle und durch die Lebensumstände bedingte Hindernisse beeinträchtigt, die z. B. die Relevanz, die Kosten und die Flexibilität der Weiterbildungsangebote betreffen (OECD, 2019[30]; 2018[31]).

Gelernt wird jedoch nicht nur in formalen Bildungseinrichtungen. Deshalb wurden weltweit Kompetenzrahmen und entsprechende Systeme zur Anerkennung von nichtformalem und informellem Lernen Erwachsener entwickelt (Braňka, 2016[32]; Singh, 2015[33]; Werquin, 2010[34]). Durch die Digitalisierung stehen noch mehr nichtformale und informelle Lernmöglichkeiten zur Verfügung, zumal die Internetnutzung in den letzten zwanzig Jahren in allen Altersgruppen stetig zugenommen hat (OECD, 2019[7]). Dank einer großen Bandbreite offener Bildungsressourcen (Open Educational Resources – OER), wie z. B. frei zugängliche Massen-Online-Kurse (Massive Open Online Courses – MOOCs), haben heute alle Zugang zu Lernmöglichkeiten, insbesondere im Tertiärbereich (Orr, D., M. Rimini und D. van Damme, 2015[35]).

Dass es sich dabei um informelle und weitgehend selbstgesteuerte Lernmöglichkeiten handelt, kann für Personen, denen die nötigen Kompetenzen und Einstellungen für ein effektives selbstständiges Lernen fehlen, auch zum Hindernis werden (Littlejohn et al., 2016[36]). Wie sinnvoll die Lernmöglichkeiten den potenziellen Nutzer*innen erscheinen, ist dabei ebenso wichtig wie der Zugang dazu. Die Vorkämpfer*innen des lebenslangen Lernens waren sich dieser Problematik bewusst. Sie erkannten, dass Bildung, insbesondere bei Kindern, darauf abzielen muss, dauerhaft Freude am Selbstlernen zu wecken ( (Faure et al., 1972[37]), S. 184)) Die Frage, inwieweit es unseren Bildungssystemen gelingt, Menschen für lebenslanges Lernen zu motivieren (OECD, 2000[38]), wurde im Gegensatz zur kurzfristigen Wirkung von Bildungsmaßnahmen bislang allerdings kaum untersucht. Im Hinblick auf ein lebenslanges Lernen in allen Lebensbereichen müssen die Bildung und die Bildungsforschung größeres Augenmerk auf die Kompetenzen legen, die langfristig lernfördernd wirken. Neue Erkenntnisse aus den Verhaltenswissenschaften und deren wachsende Schnittstellen zur Bildung könnten für diese Diskussion von besonderer Relevanz sein.

Die Bedeutung von Lernmöglichkeiten für Senior*innen und ihr Zugang dazu werden meistens nicht berücksichtigt, da die Erwachsenenbildung für gewöhnlich im Zusammenhang mit dem Arbeitsmarktbedarf diskutiert wird. Da die Lebenserwartung steigt, wird das Alter anders bewertet. Die Menschen sind immer länger im Ruhestand (OECD, 2019[7]). Die Lernbedürfnisse von Senior*innen gehen folglich über die Erwerbstätigkeit hinaus und betreffen z. B. auch den Übergang vom Berufsleben in den Ruhestand (Schuller, 2019[39]; Istance, 2015[40]). Lernen als Teil eines aktiven und gesunden Alterns und die Tatsache, dass viele ältere und gebrechlichere Senior*innen pflegebedürftig, sozial isoliert und in schlechter gesundheitlicher Verfassung sind, sollten nicht als Gegensatz gesehen werden. Bei der Förderung des Zugangs älterer Menschen zu Lernmöglichkeiten sollten daher die Lebensumstände sowohl älterer als auch jüngerer Senior*innen berücksichtigt werden (Boudiny, 2013[41]).

## Lernen für eine Welt im Wandel

Eine gut ausgebildete Erwerbsbevölkerung mit hohem Kompetenzniveau ist unerlässlich, um in der globalen wissensbasierten Wirtschaft wettbewerbsfähig zu bleiben. Dieser häufig in politischen Diskursen und Grundsatzdokumenten vertretene Standpunkt ist neben den Erwartungen der zunehmend gebildeten und anspruchsvollen Eltern ein weiterer Erklärungsfaktor für ein globales Phänomen, das sich als Dringlichkeit des Lernens beschreiben lässt.

Wie nicht anders zu erwarten, stehen Schulen und Lehrkräfte dabei im Rampenlicht. Sie haben die Aufgabe, Lernen und Exzellenz zu fördern, und ihr Einfluss wird immer genauer überwacht. Dies verdeutlicht z. B. die wachsende Fokussierung auf die Messung der Lernergebnisse in den letzten zwanzig Jahren, die für eine noch größere öffentliche und politische Aufmerksamkeit sorgt (Verger, A., L. Parcerisa und C. Fontdevila, 2018[42]).

Gleichzeitig ergeben sich im Bildungsbereich durch Veränderungen im weiteren Umfeld der Schulen immer größere Herausforderungen. Ein Beispiel hierfür ist die Lesekompetenz, die üblicherweise der wichtigste Erfolgsmaßstab für ein Bildungssystem ist. In einer digitalen Welt umfasst Lesekompetenz nicht mehr bloß Lesen und Schreiben, sondern auch die Fähigkeit, eine große Menge oft widersprüchlicher Informationen zu erfassen und die Zuverlässigkeit von Quellen und den Wahrheitsgehalt von Aussagen in einem konkreten kulturellen Kontext zu beurteilen (OECD, 2018[43]).

### *Steigende Erwartungen an die schulische Bildung*

Bildung muss heute dazu befähigen, Informationen zu verarbeiten und Probleme zu lösen. Dies erfordert u. a. ein umfassendes Fachwissen und analytisches, kreatives und kritisches Denken. Es geht auch um umfassendere Fähigkeiten, die zwar kognitionsbezogen sind, aber auch inter- und intrapersonelle Aspekte betreffen, wie soziale und emotionale Kompetenzen, Toleranz und Respekt für andere oder die Fähigkeit, die eigenen Lernprozesse selbst zu steuern und besser zu verstehen (Scott, 2015[44]; Pellegrino, 2017[45]).

Diese Merkmale sind heute sicherlich nicht wichtiger als früher. In der Vergangenheit wurden solche Fähigkeiten jedoch nur von Personen in gesellschaftlichen Führungspositionen erwartet. Dies hat sich mittlerweile geändert, da wir in einer Welt leben, in der die Arbeitsstrukturen flacher, dynamischer und stärker multikulturell geprägt sind, die Risiken für den Einzelnen steigen und die Menschen lokale und globale Ereignisse unabhängig von traditionellen gesellschaftlichen Machtinstanzen wie Kirche, Presse oder Staat virtuell und vor Ort aktiver mitgestalten (OECD, 2019[7]).

Früher ging man davon aus, dass die meisten Menschen kein hohes kognitives und einstellungsbezogenes Kompetenzniveau erreichen. Heute ist es zur Norm geworden und wird erwartet. Nationale und internationale Erhebungen lassen jedoch beträchtliche Unterschiede bei den Lernergebnissen erkennen, was zu Besorgnis über „Lernarmut" (Weltbank, 2017[46]) und „Kompetenzlücken" führt, wenngleich Letztere Gegenstand einer hitzigen Debatte sind (Modestino, A., D. Shoag und J. Ballance, 2019[47]; Shierholz, H. und E. Gould, 2018[48]). Angesichts der steigenden Bildungserwartungen fällt den Schulen die zunehmend schwierige, aber notwendige Aufgabe zu, ein ausgewogenes Verhältnis von Chancengerechtigkeit, erstklassigen Bildungsangeboten und der Berücksichtigung individueller Lernbedürfnisse zu gewährleisten.

### *Ein besseres Verständnis des menschlichen Lernens*

Die Schulsysteme waren eine Antwort auf die Bedürfnisse moderner Gesellschaften. Sie entstanden im 18. und 19. Jahrhundert und sollten Kindern Kenntnisse für die sich entwickelnde industrielle Wirtschaft vermitteln und diese Kenntnisse zertifizieren. Diese Systeme wurden nach und nach weiter ausgebaut und stellten auch die Betreuung der Kinder sicher, während die Eltern arbeiteten. Die Betreuungsfunktion gewann durch den Rückgang der Kinderarbeit und die Erwerbsbeteiligung von Frauen im 20. Jahrhundert weiter an Bedeutung. Die Schulen machten die Lernenden überdies mit gesellschaftlichen Rollen und Regeln, religiösen Bräuchen und in zunehmendem Maße auch mit den säkularen Werten der größer und vielfältiger werdenden Gesellschaften vertraut. Als das Massenschulsystem entstand, gab es jedoch kaum Erkenntnisse darüber, wie Menschen eigentlich lernen. In der Vergangenheit basierten die Schulen auf dem „Fabrikmodell", bei dem standardisierte Verfahren, Auswendiglernen und Abrufen von Faktenwissen die Norm waren. Dies ist vielerorts auch heute noch der Fall.

Inzwischen verfügen wir über ein wesentlich besseres Verständnis des menschlichen Lernens (National Academies of Sciences, Engineering, and Medicine, 2018[49]; Cantor et al., 2018[50]; Kuhl et al., 2019[51]; Dumont, H., D. Istance und F. Benavides (Hrsg.), 2010[52]). Wir wissen, dass das menschliche Gehirn plastisch ist und Menschen selbst in ähnlichen Umgebungen und mit ähnlichen Methoden auf unterschiedliche Art und Weise lernen. Wir wissen auch, dass die Lernenden kein leeres Gefäß oder unbeschriebenes Blatt sind. Die Überzeugungen, Erfahrungen und Kompetenzen, die sie mitbringen, spielen bei der Verarbeitung neuer Informationen eine wichtige Rolle. Daher sollte Vorwissen genutzt und bei falschen Vorstellungen gegengesteuert werden, damit die Lernenden über ein fragmentiertes Faktenwissen und Routineverfahren hinausgelangen, die Bezüge zwischen den jeweiligen Aufgaben und ihrem Vorwissen erkennen und die zur Lösung der Aufgaben erforderlichen Kompetenzen entwickeln und anwenden.

Die Qualität der Lernumgebung und ein aktives Engagement der Lernenden sind weitere wichtige Aspekte. Unterschiedliche Erfahrungen bieten unterschiedliche Lernmöglichkeiten. Forschungsarbeiten zeigen zudem, dass kognitive und affektive, soziale und emotionale Prozesse eng miteinander verzahnt sind. Eine positive Lernumgebung fördert das Lernen. Wenn Lernenden die Möglichkeit geboten wird, ihr Wissen zu artikulieren und bewusst darüber nachzudenken, wie es entsteht, wirkt dies ebenfalls lernfördernd. Bei Artikulation und Reflexion handelt es sich um soziale Prozesse: Diskussionen mit anderen (Lehrkräften, Eltern, Mitschüler*innen), ihr Rat und ihre Unterstützung sind überaus wertvolle Lernressourcen.

## Den Wandel gestalten: Erkenntnisse aus der Lernforschung

Das schulische Lernen kann auf Ebene der Lernenden, der Lehrkräfte, der Inhalte und der Ressourcen verbessert werden (Darling-Hammond et al., 2020[53]). Ein erster Schritt besteht darin, eine sichere Lernumgebung zu schaffen, die ein herzliches Verhältnis zwischen den Beteiligten fördert und der kulturellen und funktionalen Vielfalt Rechnung trägt (OECD, 2019[54]; 2020[55]; 2010[56]; 2017[23]). Unterstützungssysteme für Schüler*innen tragen ebenfalls zu einer günstigen Lernumgebung bei, insbesondere eine Lernförderung in und außerhalb der Schule und die Berücksichtigung der körperlichen und emotionalen Gesundheit der Lernenden (Burns, T. und F. Gottschalk (Hrsg.), 2019[57]; erscheint demnächst[58]).

Beim Unterricht ist die Motivation der Lernenden von entscheidender Bedeutung. Die Kernkompetenzen müssen in den Lehrplänen festgelegt werden. Den Lehrkräften und Schüler*innen muss jedoch ein gewisser Spielraum bleiben, die Lehrpläne auf ihre eigenen Bedürfnisse und Interessen abzustimmen. Bei der Lehrplangestaltung sollte berücksichtigt werden, dass Schüler*innen nicht durch die Anhäufung von Faktenwissen zu einem immer größeren Themenspektrum ein umfassendes Verständnis der Inhalte entwickeln, sondern durch den Transfer von Vorwissen, epistemisches Fragen und metakognitive Kompetenzen (Pellegrino, 2017[45]; OECD, erscheint demnächst[59]).

Ein nachhaltiger Lernprozess erfordert Unterrichtsstrategien, die auf kognitive Aktivierung setzen, Raum für Selbstreflexion und gemeinsame Reflexionen bieten und sich durch ein gut durchdachtes Scaffolding auszeichnen. Scaffolding ist eine Unterrichtsmethode, bei der zur Bewältigung neuer Aufgaben ein Lerngerüst in Form von Hilfestellungen und Anleitungen bereitgestellt wird. Wenn die Schüler*innen beginnen, die erforderlichen Kenntnisse und Kompetenzen zu entwickeln, wird dieses unterstützende Lerngerüst schrittweise wieder abgebaut (Paniagua, A. und D. Istance, 2018[60]).

Darüber hinaus müssen Schulen allen Schüler*innen Lernmöglichkeiten bieten (Schmidt et al., 2015[61]; OECD, 2016[62]) und proaktiv Gewohnheiten und Haltungen stärken, die die Resilienz der Schüler*innen und eine positive Einstellung zum Lernen fördern (Chernyshenko, O., M. Kankaraš und F. Drasgow, 2018[63]).

Die Beurteilungs- und Bewertungsinstrumente müssen auf diese Ziele abgestimmt werden, was heute nur selten der Fall ist (OECD, 2013[64]): Die Fokussierung auf individuelle Prüfungen einerseits und kollaboratives Lernen andererseits, oder auch das Prüfen von Faktenwissen in zunehmend digitalisierten Schulen sind Beispiele, die dies veranschaulichen. Im 21. Jahrhundert müssen Leistungsbeurteilungen die miteinander verzahnten Kenntnisse, Kompetenzen und Einstellungen von Schüler*innen im Rahmen von Anwendungsaufgaben beleuchten und damit dem wachsenden Bedarf Rechnung tragen, auch Prozesse zu erfassen, die sich auf unterschiedliche Art und Weise niederschlagen können, wie z. B. Kreativität (Vincent-Lancrin et al., 2019[65]).

Zukunftsfähige Beurteilungsmethoden passen sich an heterogene Zielgruppen an und stellen unabhängig von eventuellen gesellschaftlichen Stereotypen hohe Anforderungen an alle (Kuhl et al., 2019[51]; Tarabini, A., A. Castejón und M. Curran, 2020[66]; OECD, 2017[23]). Anspruchsvolle Leistungsbeurteilungen beschränken sich nicht auf Faktenwissen, das auswendig gelernt werden kann. Sie helfen den Lernenden, sich bewusst zu werden, wer sie sind und wie sie lernen (Conley, 2018[67]). Eine solche formative Beurteilung kann eine Vielzahl von Kompetenzen fördern, nicht nur die, die in der Vergangenheit als wichtig erachtet wurden. Soft Skills wie Lernbereitschaft sind vermutlich von entscheidender Bedeutung dafür, dass sich Menschen im weiteren Lebensverlauf intellektuell und beruflich weiterentwickeln (Fernandez, F. und H. Liu, 2019[68]).

Dabei könnten die Lernenden und Lehrkräfte schon bald von neuen Technologien mit lernanalytischen Funktionen unterstützt werden (Kuhl et al., 2019[51]; Wyatt-Smith, C., B. Lingard und E. Heck, 2019[69]; OECD, 2018[70]). Dazu müssen die Lehrkräfte und Politikverantwortlichen allerdings in die Lage versetzt werden, verstärkt Bildungsdaten zu nutzen (Schildkamp, 2019[71]). Trotz der Investitionen in diesem Bereich (OECD, 2019[25]) werden Bildungsdaten oft nicht bzw. falsch genutzt und missbräuchlich verwendet (Burns, T., F. Köster und M. Fuster, 2016[72]).

## Der Lehrkörper und die Unterrichts- und Lehrkräftepolitik

Es ist wichtig, die Bildung zu modernisieren. In den Massenschulsystemen haben sich umfassende Veränderungen jedoch als schwierig erwiesen. Ein für die Verbesserung der schulischen Bildung zentraler Aspekt ist, inwieweit Bildungssysteme in der Lage sind, ihre wichtigste Ressource besser zu nutzen – die Lehrkräfte. Die nachstehende Beschreibung ist fast zwanzig Jahre alt und auch heute noch erschreckend relevant:

> *Je komplexer und unsicherer die Welt ist, in der wir leben, je mehr alternativen Informationsquellen und Einflussfaktoren Schüler\*innen ausgesetzt sind, je mehr sich Schulen heterogenen Zielgruppen gegenüber öffnen und je vielfältiger die von den Lehrkräften umzusetzenden organisatorischen und pädagogischen Strategien werden [...], desto höher sind die fachlichen Kompetenzanforderungen. Es wird zunehmend erwartet, dass sie [die Lehrkräfte] in der Lage sind, in neuen Organisationsstrukturen, im Team mit Kolleg\*innen und in Netzwerken zu arbeiten und das Lernen der einzelnen Schüler\*innen zu fördern. Diese Erwartungen machen anspruchsvolle Professionalitätskonzepte erforderlich, die Lehrkräfte als Vermittler\*innen, kompetente Fachkräfte und vernetzte Teamakteur\*innen begreifen, die sich an den individuellen Bedürfnissen der Lernenden und am Umfeld orientieren und sowohl in der Lehre als auch in der FuE tätig sind ( (OECD, 2001[73]), S. 71-72)).*

### *Ausbildung und Vorbereitung der Lehrkräfte*

Die Qualität des Lehrpersonals stand in den letzten Jahrzehnten auf der bildungspolitischen Agenda weit oben (OECD, 2006[74]; 2019[25]). Die Länder sehen sich dabei mit Herausforderungen wie einer alternden Lehrerschaft, hohen Ausstiegsquoten junger Lehrkräfte und einem Mangel an guten Lehrkräften in sozioökonomisch benachteiligten Schulen konfrontiert. Hinzu kommen möglicherweise Bedenken im Hinblick auf die Qualität der Lehrerausbildung und -vorbereitung, die ebenfalls beträchtliche Auswirkungen auf die Attraktivität des Berufs hat (OECD, 2019[75]).

Eine Vielzahl von Politikmaßnahmen lässt sich auf diese Prioritätensetzung zurückführen. In vielen Ländern wurden die Gehaltsskalen und Laufbahnstrukturen von Lehrkräften neu geregelt, um zu gewährleisten, dass berufliche Aufstiegs- und Entwicklungsmöglichkeiten vorhanden sind und entsprechend honoriert werden (OECD, 2019[76]). Außerdem wurden Systeme zur Beurteilung der Lehrkräfte entwickelt bzw. gestärkt und Unterrichtsstandards sowie Kompetenzrahmen geschaffen, denen bei der Aus- und Weiterbildung, der Zulassung und der Laufbahnentwicklung von Lehrkräften Rechnung getragen wird (Révai, 2018[77]; OECD, 2013[64]).

Viele Länder versuchen dem Lehrkräftemangel zu begegnen, indem sie ältere Lehrkräfte länger im Schuldienst halten (OECD, 2013[78]). Durch die wachsende Zahl gesunder, kompetenter und motivierter älterer Lehrkräfte könnte allerdings ein Spannungsverhältnis zwischen deren Recht auf Weiterbeschäftigung und der Einstellung junger Lehrkräfte entstehen. Außerdem könnten solche Maßnahmen Bemühungen zur Beseitigung anderer demografischer Ungleichgewichte erschweren. Dies gilt u. a. für Bemühungen, die Zusammensetzung des Lehrkörpers – beispielsweise im Hinblick auf Geschlecht oder ethnische Zugehörigkeit – auf jene der Schülerpopulation abzustimmen (OECD, 2015[79]; 2017[18]; 2010[56]).

Gleichzeitig besteht ein prioritäres Anliegen der Politik darin, die Qualifikationen und Kompetenzen sowie die Fort- und Weiterbildung der Lehrkräfte zu verbessern (OECD, 2019[25]). Dazu müssen umfassende Lehrpläne für die Lehrerausbildung erarbeitet und angehenden Lehrkräften einschlägige Praxiserfahrungen ermöglicht werden. Zudem gilt es, neuen Lehrkräften den Einstieg ins Berufsleben zu erleichtern und sicherzustellen, dass Lehrkräfte Zeit für didaktische Experimente und Kontakte mit Kolleg\*innen haben und ihre beruflichen Kompetenzen im Rahmen von Fortbildung, reflexiver Praxis und unterrichtsbasierter Forschung laufend weiterentwickeln (OECD, 2006[74]; 2019[80]; 2019[76]; Paniagua, A. und A. Sánchez-Martí, 2018[81]).

Trotzdem gibt es nach wie vor ungelöste Probleme. Obwohl es zahlreiche Belege dafür gibt, dass die Motivation und emotionale Aspekte beim Unterricht und beim Lernen eine Schlüsselrolle spielen, werden die affektiven und motivationalen Kompetenzen von Lehrkräften in vielen Bildungssystemen bei der Ausbildung sowie bei den Zugangs-, Auswahl-, Zulassungs- und Einstellungskriterien nicht angemessen berücksichtigt (OECD, 2019[80]; Guerriero, S. (Hrsg.), 2017[82]). Darüber hinaus stellt sich trotz der Bemühungen, mit Einstiegs- und Mentoring-Programmen „geschützte Bereiche" für neue Lehrkräfte zu schaffen, nach wie vor die Frage, wie zugänglich und sinnvoll die Praxiserfahrungen in der Lehrerausbildung und -vorbereitung sind (OECD, 2019[76]). Außerdem gibt es Diskussionen, inwieweit es wünschenswert ist, dass Lehrkräfte am Anfang ihrer Berufslaufbahn in Schulen eingesetzt werden, die möglicherweise nicht bereit sind, ihre Methoden zu hinterfragen und zu verbessern bzw. innovative Ansätze zu entwickeln (Paniagua, A. und A. Sánchez-Martí, 2018[81]).

Die Bildungssysteme haben auch große Anstrengungen unternommen, den Zugang zu Fort- und Weiterbildungen zu verbessern, d. h. die Weiterbildungsangebote auszubauen, einen Anspruch auf Bildungsfreistellung bzw. Bildungsurlaub zu gewähren und die Weiterbildung mit der Laufbahnentwicklung zu verknüpfen (OECD, 2019[76]). Externe Weiterbildungen in Form einer einmaligen Veranstaltung oder kurzen Veranstaltungsreihe sind nicht optimal. Wissen, d. h. „verarbeitete Informationen und das Verständnis davon, wie sie zu verwenden sind" (Hess, C. und E. Ostrom (Hrsg.), 2007[83]), kann nicht wie ein Blatt Papier weitergegeben werden. Evidenznutzung, Verbesserung und Innovation gehen Hand in Hand: Die Lehrkräfte nutzen vorhandenes Wissen, um neue Lösungen zu entwickeln, und generieren dabei neues Wissen (Révai, 2020[84]).

Lehrkräfte vermitteln sich ihr Wissen also selbst. Dazu schließen sie sich immer häufiger zu über die Schule hinausgehenden Netzwerken zusammen (Paniagua, A. und D. Istance, 2018[60]; OECD, 2015[85]). Der Austausch, der Dialog und die Zusammenarbeit unter Lehrkräften sowie im Rahmen von Partnerschaften zwischen Lehrkräften und anderen Akteuren wie Forschungseinrichtungen gehen über lineare Modelle des Wissenstransfers hinaus. Dabei wird ein Innovations- und Forschungsökosystem geschaffen, das es allen Lehrkräften ermöglicht, neue Erkenntnisse und Methoden auf den eigenen Kontext zu übertragen (OECD, 2019[76]; Révai, 2020[84]). Damit die Politikverantwortlichen derartige Strukturen fördern, mit ihnen zusammenarbeiten, sie stärken, optimieren und zur Rechenschaft ziehen können, bedarf es eines besseren Verständnisses ihrer Funktionsweise (Lima, erscheint demnächst[86]).

### *Lehrkräfte als kompetente, vernetzte Fachkräfte*

Erfahrenere und kompetentere Lehrkräfte erteilen einen besseren Unterricht, was wiederum zu besseren Schülerleistungen führt. Kompetente Lehrkräfte verfügen sowohl über explizites kodifiziertes als auch über implizites erfahrungsbasiertes Wissen (Révai, N. und S. Guerriero, 2017[87]), sind bessere Klassenmanager*innen und stellen sicher, dass die Schüler*innen effizient arbeiten, aufmerksam und konzentriert sind. Sie experimentieren mit neuen Ansätzen und geben den Lernenden Denkanstöße, um ihr Interesse an Aufgaben zu wecken. Außerdem berücksichtigen sie die emotionalen Bedürfnisse der Schüler*innen und bauen eine herzliche Beziehung zu ihnen auf (Ulferts, 2019[88]).

Gute Lehrkräfte erstellen Situationsdiagnosen und erkennen die jeweiligen Lernbedürfnisse. Im Anschluss an die Diagnose müssen sie sich für einen von mehreren möglichen Ansätzen entscheiden – ein Problem, das sie lösen, indem sie Wissen mobilisieren (Révai, N. und S. Guerriero, 2017[87]; Pollard, A. (Hrsg.), 2010[89]): fachliches Wissen, allgemeines pädagogisches Wissen und in zunehmendem Maße auch Technologiewissen. Dieses Wissen kann auf empirischen Untersuchungen und Forschungsarbeiten, beruflichen Erfahrungen sowie der Zusammenarbeit und dem Austausch mit Kolleg*innen beruhen (Guerriero, S. (Hrsg.), 2017[82]; Harris, J., P. Mishra und M. Koehler, 2009[90]; OECD, 2019[80]).

Mit verschiedenen Unterrichtsstrategien lässt sich das Lernen der Schüler*innen auf unterschiedliche Art und Weise fördern. So können Lehrkräfte z. B. Aktivitäten konzipieren, bei denen die Schüler*innen ihr eigenes Lernen aktiv steuern, wie beim projektbasierten Lernen oder bei spielbasierten Aktivitäten. Andere ziehen es vielleicht vor, die Schüler*innen durch Geschichten, suggestive Analogien und provokante Beispiele einzubinden und so Diskussionen anzustoßen. Oft setzen die Lehrkräfte je nach Aufgabe, den eigenen Kompetenzen, ihrem Selbstvertrauen und der Reaktion der Schüler*innen auf eine Kombination mehrerer Strategien (Paniagua, A. und D. Istance, 2018[60]).

Dabei nutzen die Lehrkräfte verschiedene Wissensformen, beziehen sie auf den jeweiligen Kontext und ihren Unterricht und passen sie entsprechend an. Dies ist eine komplexe Aufgabe: Die Lehrkräfte müssen konkrete Lernsituationen und Kontextfaktoren wie die Vorkenntnisse, die Einstellungen und die Motivation der Schüler*innen, die Lehrplanziele und die verfügbaren Lernressourcen beurteilen und mit ihrem Wissen über Lehren und Lernen verknüpfen (Guerriero, S. und N. Révai, 2017[91]). Bei einem solchen Unterrichtsverständnis werden Lehrkräfte nicht mehr als Instanzen betrachtet, die lediglich den Lehrplan umsetzen, sondern als Fachkräfte, die ihren Unterricht aufbauend auf ihrem Wissen und Urteilsvermögen nach eigenem Ermessen gestalten. Dabei stehen Innovationen im Mittelpunkt der Unterrichtstätigkeit: Die Lehrkräfte müssen laufend neue Lösungen entwickeln und existierende Ansätze anpassen, wobei sie sich auf Lernen, Intuition und Zusammenarbeit stützen (Paniagua, A. und D. Istance, 2018[60]; Révai, 2020[84]).

## Entwicklung der Governance im Bildungssystem

Im Lauf der letzten vierzig Jahre haben sich die Machtverhältnisse in den Bildungssystemen deutlich verschoben. Ausgehend von der Annahme, dass die Behörden, Regierungsvertreter*innen, Führungs- und Fachkräfte vor Ort am besten wissen, was zu tun ist, setzen viele Systeme auf eine stärkere Dezentralisierung, sodass die lokalen Akteure bei der Wahrnehmung ihrer Aufgaben über einen größeren Ermessensspielraum verfügen. Politische Reformen und weltweite Entwicklungen wie die Globalisierung und stärkere Vernetzung haben ebenfalls zu einer Verschiebung der Machtverhältnisse geführt, und zwar „vertikal hin zu internationalen Organisationen" und „horizontal hin zu privaten Einrichtungen und Nichtregierungsorganisationen" (Theisens, 2016[92]). Die Zentralregierungen, denen nach wie vor die Verantwortung für die Ergebnisse des Bildungssystems obliegt, haben sich angepasst und neue Aufgaben übernommen. Dabei war eine Entwicklung weg von einer zentralen Planung und Kontrolle hin zu einer stärkeren Rechenschaftslegung und Unterstützung für lokale Akteure zu beobachten.

### *Flexiblere und stärker ergebnisorientierte Systeme*

Bislang stützte sich die öffentliche Verwaltung auf eine Planung, bei der ein Ziel bzw. ein Zielkatalog in formalisierte und somit leicht umsetzbare Schritte unterteilt und die Auswirkungen und Ergebnisse jedes Schritts antizipiert wurden (Mintzberg, 1994, p. 108[93]). Angesichts einer weitreichenderen lokalen Autonomie und vertikalen leistungsorientierten Rechenschaftsmechanismen, wie umfassenden Erhebungen, üben die Bildungsbehörden durch Zielsetzung, Evaluierung und Steuerung heute eine indirektere Form von Kontrolle aus. In vielen Systemen wurden darüber hinaus für Bereiche wie Schulverwaltung und Schulbesuch marktorientierte Instrumente eingeführt (Sahlberg, 2016[94]), allerdings mit unterschiedlichem Erfolg (Waslander, S., C. Pater und M. van der Weide, 2010[95]; Lubienski, 2009[96]).

Die zentralen Bildungsbehörden haben die Unterstützung für lokale Akteure ausgeweitet, die Aufgaben und Ressourcen bestehender Strukturen wie der Aufsichtsbehörden angepasst, die Kommunikation zur Klarstellung der Politikprioritäten und -maßnahmen verbessert und Mechanismen zur Vermittlung und Mobilisierung von Daten, Wissen und Fachkompetenz geschaffen (OECD, 2007[97]). Dadurch wurden Experimente und Innovationen begünstigt, die Selbstevaluierungs- und Verbesserungskapazität von Schulen gestärkt und die Verbreitung bewährter Verfahrensweisen gefördert. Es waren jedoch auch negative Effekte zu beobachten. Zurückzuführen war dies auf Schwierigkeiten bei der Politikumsetzung aufgrund von Fehlkommunikation oder sich rasch verändernden Prioritäten, Reformüberlastung und Reformmüdigkeit und eine unzureichende Nutzung zentral entwickelter Instrumente (z. B. Daten, Software) auf lokaler Ebene (Burns, T., F. Köster und M. Fuster, 2016[72])

Die Bildungssysteme sind komplexer geworden und umfassen eine größere Bandbreite von Akteuren und eine wachsende Zahl von Governance-Ebenen, auf denen Entscheidungen getroffen und umgesetzt werden. Durch die lokale Autonomie kann ein breiteres Spektrum von Akteuren am Politikprozess teilhaben und ihn mitgestalten – in Form von aktiver Mitwirkung, Feedback und Unterstützung, aber auch in Form von Widerstand (Burns, T. und F. Köster (Hrsg.), 2016[98]).

Dies ist jedoch nur eine Seite der Medaille. Eine weitreichendere lokale Autonomie ermöglicht den Akteuren auch ein größeres Maß an Selbstorganisation und Zusammenarbeit. So wird heute häufig auf Netzwerke und Partnerschaften zurückgegriffen, um Ideen auszutauschen, zu lernen und das Bildungsangebot zu optimieren. Netzwerke und Partnerschaften können aus Einzelpersonen oder Organisationen bestehen, formaler oder informeller Art sein und auf einer freiwilligen oder einer Pflichtmitgliedschaft beruhen. Solche Strukturen finden zunehmend Verbreitung, seien es nun Netzwerke von Schulen bzw. Lehrkräften oder Partnerschaften zwischen Bildungsanbietern und Dienstleistern anderer Bereiche im öffentlichen und privaten Sektor (OECD, 2018[22]; 2019[76]; Burns, T. und F. Gottschalk (Hrsg.), 2019[57]; Révai, 2020[84]).

**Abbildung 3.2. Mögliche Akteure im Bildungsbereich**

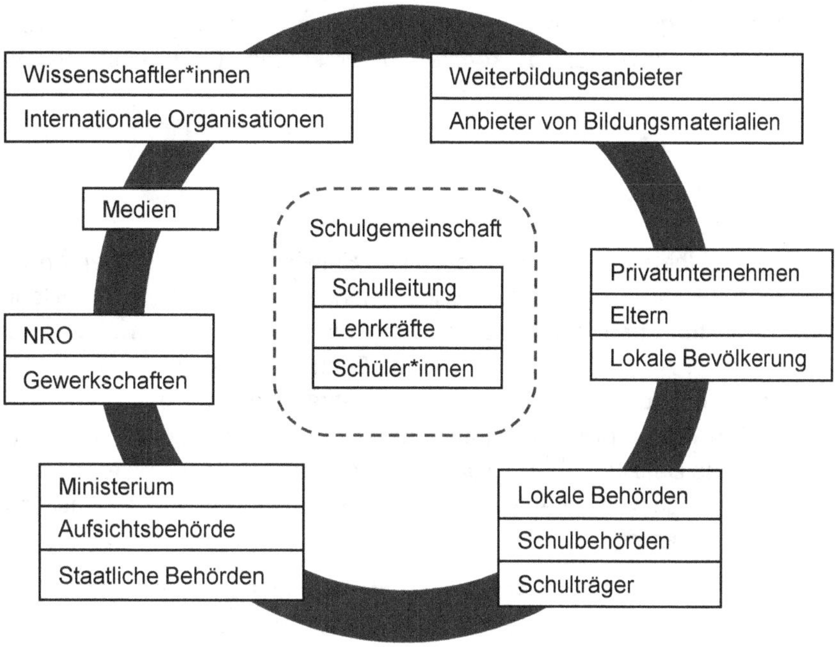

Quelle: Burns, T. und F. Köster (Hrsg.) (2016[98]).

Netzwerke und Partnerschaften können auch zu unerwünschten Ergebnissen führen. Hierzu zählen z. B. hohe Kosten gemeinsamer Aktivitäten, Kapazitätsmängel, eine komplexe Koordination, eine Zersplitterung der Zuständigkeiten und daraus resultierende Probleme bei der Rechenschaftslegung (Lima, erscheint demnächst[86]; Ehren, M. und J. Perryman, 2017[99]). Diese Aspekte müssen berücksichtigt werden, um sicherzustellen, dass die Kosten von Partnerschaften nicht höher sind als ihr Nutzen. Eine wichtige Frage ist auch, wie sich der Staat solchen Netzwerken gegenüber verhalten soll (Theisens, 2016[92]).

Netzwerke und Partnerschaften beruhen auf neuen Denkweisen, bei denen sich gesellschaftliche Akteure von ihren eigenen Präferenzen und Prioritäten leiten lassen. Der Staat muss prüfen, ob und inwiefern das Verhalten der betroffenen Akteure die Politikziele fördern oder behindern könnte bzw. ob diese Ziele angepasst, gemeinschaftlich außerhalb der Verwaltung erarbeitet oder auf lokaler Ebene festgelegt werden sollten. Wenn die lokale Bevölkerung oder lokale Akteure eine Initiative ins Leben rufen (Bottom-up-

Ansatz), muss sich der Staat die Frage stellen, was als nächstes zu tun ist. Darauf gibt es unterschiedliche Antworten, die je nach Kontext variieren können: Der Staat kann diese neuen Strukturen verhindern, fördern, beeinflussen, kontrollieren oder gar nicht darauf reagieren (Frankowski et al., 2018[100]).

Der Aufbau von Vertrauen und die Mobilisierung von Legitimität sind für das Regierungs- und Verwaltungshandeln unter derart schwierigen Bedingungen unerlässlich, wobei der Staat Netzwerkstrukturen und Bündnisse auch nutzen kann, um Politikmaßnahmen voranzutreiben (Burns, T., F. Köster und M. Fuster, 2016[72]). Netzwerke und Partnerschaften sind manchmal schwierig zu steuern, da die öffentlichen und privaten Akteure unterschiedliche Ziele verfolgen und mehrere Knotenpunkte gleichzeitig effektiv koordiniert werden müssen. Trotzdem müssen sie u. U. gestärkt werden, um sicherzustellen, dass die Bildungssysteme externe Fachkenntnisse und Ressourcen nutzen und mit den raschen Veränderungen im gesellschaftlichen Umfeld Schritt halten (Burns, T. und F. Gottschalk (Hrsg.), 2019[57]).

Gleichzeitig muss beim Aufbau solcher Bündnisse Bedenken in Bezug auf die Qualität und die Chancengerechtigkeit Rechnung getragen werden. Diese betreffen z. B. die Möglichkeit einer Fragmentierung des Bildungssystems oder eines unethischen Verhaltens einiger Akteur*innen ( (Verger, 2019[101]). Außerdem begünstigen und stärken Politikinstrumente bestimmte Akteure und Einzelinteressen, da sie die Ressourcenallokation, den Zugang zum Politikprozess und die Problemdarstellungen bestimmen ((Menon und Sedelmeier, 2010, S. 76; in Verger, A., L. Parcerisa und C. Fontdevila (2018[42])). Insofern können die zu einem bestimmten Zeitpunkt getroffenen Politikentscheidungen auch langfristige Auswirkungen haben. Eventuelle Lock-in-Effekte in der Gegenwart könnten für die künftige Entwicklung der Bildung ausschlaggebend sein.

## Abschließende Bemerkungen

Dieses Kapitel bietet einen Überblick über die wichtigsten Entwicklungen und Themen im Zusammenhang mit der schulischen Bildung und dem formalen Bildungsangebot. Die schulische Bildung wird dabei als sozioökonomische Entwicklung betrachtet, die seit über ein hundert Jahren einem Aufwärtstrend folgt. Zum einen gewährleisten der Ausbau der frühkindlichen Bildung, Betreuung und Erziehung, eine Vielzahl von außerschulischen Bildungsprogrammen und ein größeres Angebot postsekundärer Bildungsgänge einen immer besseren Zugang zu formalen Bildungsangeboten. Zum anderen ist der Aufwärtstrend auch darauf zurückzuführen, dass Defizite bei der Bildungsgerechtigkeit beseitigt wurden, und zwar sowohl was die Bildungsbeteiligung als auch was die Anerkennung und Berücksichtigung der gesellschaftlichen Vielfalt in den Bildungsprogrammen betrifft.

Dank neuer Erkenntnisse aus der Lernforschung könnte das Ziel einer Bildungsreform eines Tages in greifbare Nähe rücken. In der Zwischenzeit steigen die Erwartungen an die schulische Bildung. Trotz des besseren Zugangs zu formaler Bildung sind in großen Teilen der Bevölkerung nach wie vor beträchtliche Bildungsdefizite festzustellen, sodass Zweifel an der Qualität und Chancengerechtigkeit der aktuellen Bildungssysteme aufkommen. Bedenken gibt es auch im Hinblick auf das Angebot lebenslangen Lernens. Zwar werden die Bildungsmessgrößen laufend verbessert, die künstliche Unterscheidung zwischen dem in und außerhalb der Schule Erlernten wird jedoch zu selten infrage gestellt.

Erfüllen die Massenschulsysteme ihren Zweck? Werden die Stärken und Herausforderungen der aktuellen Systeme in einer immer komplexeren Welt zu- oder abnehmen? Wie werden sie sich in einer resilienteren selbstorganisierenden Gesellschaft entwickeln? Sollten wir auf technologische Lösungsansätze vertrauen? Könnten technologische Lösungen die Schwächen der schulischen Bildung beheben oder die Schulsysteme möglicherweise sogar ersetzen? Die aktuellen Schulsysteme sind mit der Industriegesellschaft entstanden. Ob sie Bestand haben werden, bleibt abzuwarten.

## Literaturverzeichnis

Autor, D., F. Levy und R. Murnane (2003), "The Skill Content of Recent Technological Change: An Empirical Exploration", *The Quarterly Journal of Economics*, Vol. 118/4, S. 1279-1333, http://dx.doi.org/10.1162/003355303322552801. [10]

Bol, T. (2015), "Has education become more positional? Educational expansion and labour market outcomes, 1985-2007", *Acta Sociologica*, Vol. 58/2, S. 105-120, http://dx.doi.org/10.1177/0001699315570918. [17]

Boudiny, K. (2013), "'Active ageing': from empty rhetoric to effective policy tool", *Ageing & Society*, Vol. 33/6, S. 1077-1098, http://dx.doi.org/10.1017/s0144686x1200030x. [41]

Braňka, J. (2016), *Understanding the potential impact of skills recognition systems on labour markets: Research report*, Internationales Arbeitsamt, Genf, https://www.ilo.org/wcmsp5/groups/public/---ed_emp/---ifp_skills/documents/publication/wcms_532417.pdf. [32]

Brown, P. und E. Keep (2018), "Rethinking the Race Between Education & Technology", *Issues in Science and Technology*, Vol. 35/1, S. 31-39, https://issues.org/rethinking-the-race-between-education-technology/. [11]

Brynjolfsson, E. und T. Mitchell (2017), "What can machine learning do? Workforce implications", *Science*, Vol. 358/6370, S. 1530-1534, http://dx.doi.org/10.1126/science.aap8062. [13]

Burns, T. und F. Gottschalk (Hrsg.) (erscheint demnächst), *21st Century Children, Technology and Physical Health*, OECD Publishing, Paris. [58]

Burns, T. und F. Gottschalk (Hrsg.) (2019), *Educating 21st Century Children: Emotional Well-being in the Digital Age*, Educational Research and Innovation, OECD Publishing, Paris, https://dx.doi.org/10.1787/b7f33425-en. [57]

Burns, T. und F. Köster (Hrsg.) (2016), *Governing Education in a Complex World*, Educational Research and Innovation, OECD Publishing, Paris, https://dx.doi.org/10.1787/9789264255364-en. [98]

Burns, T., F. Köster und M. Fuster (2016), *Education Governance in Action: Lessons from Case Studies*, Educational Research and Innovation, OECD Publishing, Paris, https://dx.doi.org/10.1787/9789264262829-en. [72]

Cantor, P. et al. (2018), "Malleability, plasticity, and individuality: How children learn and develop in context", *Applied Developmental Science*, Vol. 23/4, S. 307-337, http://dx.doi.org/10.1080/10888691.2017.1398649. [50]

Cerna, L. (2019), "Refugee education: Integration models and practices in OECD countries", *OECD Education Working Papers*, No. 203, OECD Publishing, Paris, https://dx.doi.org/10.1787/a3251a00-en. [20]

Chernyshenko, O., M. Kankaraš und F. Drasgow (2018), "Social and emotional skills for student success and well-being: Conceptual framework for the OECD study on social and emotional skills", *OECD Education Working Papers*, No. 173, OECD Publishing, Paris, https://dx.doi.org/10.1787/db1d8e59-en. [63]

Conley, D. (2018), *The Promise and Practice of Next Generation Assessment*, Harvard Education Press, Cambridge. [67]

Darling-Hammond, L. et al. (2020), "Implications for educational practice of the science of learning and development", *Applied Developmental Science*, Vol. 24/2, S. 97-140, http://dx.doi.org/10.1080/10888691.2018.1537791. [53]

Deming, D. (2017), "The Growing Importance of Social Skills in the Labor Market", *Quarterly Journal of Economics*, Vol. 132/4, S. 1593-1640, http://dx.doi.org/10.1093/qje/qjx022. [14]

Dumont, H., D. Istance und F. Benavides (Hrsg.) (2010), *The Nature of Learning: Using Research to Inspire Practice*, Educational Research and Innovation, OECD Publishing, Paris, https://dx.doi.org/10.1787/9789264086487-en. [52]

Ehren, M. und J. Perryman (2017), "Accountability of school networks: Who is accountable to whom and for what?", *Educational Management Administration & Leadership*, Vol. 46/6, S. 942-959, http://dx.doi.org/10.1177/1741143217717272. [99]

Elliott, S. (2017), *Computers and the Future of Skill Demand*, Educational Research and Innovation, OECD Publishing, Paris, https://dx.doi.org/10.1787/9789264284395-en. [12]

Faure, E. et al. (1972), *Learning to be: The world of education today and tomorrow*, International Commission on the Development of Education, UNESCO, Paris, https://unesdoc.unesco.org/ark:/48223/pf0000001801. [37]

Fernandez, F. und H. Liu (2019), "Examining relationships between soft skills and occupational outcomes among U.S. adults with – and without – university degrees", *Journal of Education and Work*, Vol. 32/8, S. 650-664, http://dx.doi.org/10.1080/13639080.2019.1697802. [68]

Frankowski, A. et al. (2018), "Dilemmas of central governance and distributed autonomy in education", *OECD Education Working Papers*, No. 189, OECD Publishing, Paris, https://dx.doi.org/10.1787/060260bf-en. [100]

Goldin, C. und L. Katz (2007), "The Race between Education and Technology: The Evolution of U.S. Educational Wage Differentials, 1890 to 2005", *NBER Working Paper*, No. 12984, National Bureau of Economic Research, Cambridge, MA, http://dx.doi.org/10.3386/w12984. [8]

Guerriero, S. (Hrsg.) (2017), *Pedagogical Knowledge and the Changing Nature of the Teaching Profession*, Educational Research and Innovation, OECD Publishing, Paris, https://dx.doi.org/10.1787/9789264270695-en. [82]

Guerriero, S. und N. Révai (2017), "Knowledge-based teaching and the evolution of a profession", in *Pedagogical Knowledge and the Changing Nature of the Teaching Profession*, Guerriero, S. (Hrsg.), OECD Publishing, Paris, https://dx.doi.org/10.1787/9789264270695-13-en. [91]

Harris, J., P. Mishra und M. Koehler (2009), "Teachers' Technological Pedagogical Content Knowledge and Learning Activity Types", *Journal of Research on Technology in Education*, Vol. 41/4, S. 393-416, http://dx.doi.org/10.1080/15391523.2009.10782536. [90]

Hess, C. und E. Ostrom (Hrsg.) (2007), *Understanding Knowledge as a Commons – From Theory to Practice*, MIT Press, Cambridge, MA. [83]

Istance, D. (2015), "Learning in Retirement and Old Age: an agenda for the 21st century", *European Journal of Education*, Vol. 50/2, S. 225-238, http://dx.doi.org/10.1111/ejed.12120. [40]

Kuhl, P. et al. (2019), *Developing Minds in the Digital Age: Towards a Science of Learning for 21st Century Education*, Educational Research and Innovation, OECD Publishing, Paris, https://dx.doi.org/10.1787/562a8659-en. [51]

Lima, G. (erscheint demnächst), "Effectiveness of collaboration networks in education: Benefits, challenges and governance", *OECD Education Working Papers*, OECD Publishing, Paris. [86]

Littlejohn, A. et al. (2016), "Learning in MOOCs: Motivations and self-regulated learning in MOOCs", *The Internet and Higher Education*, Vol. 29, S 40-48, http://dx.doi.org/10.1016/j.iheduc.2015.12.003. [36]

Lubienski, C. (2009), "Do Quasi-markets Foster Innovation in Education?: A Comparative Perspective", *OECD Education Working Papers*, No. 25, OECD Publishing, Paris, https://dx.doi.org/10.1787/221583463325. [96]

Mintzberg, H. (1994), "The fall and rise of strategic planning", *Harvard Business Review*, Vol. 72/1, S. 107-114, https://hbr.org/1994/01/the-fall-and-rise-of-strategic-planning. [93]

Modestino, A., D. Shoag und J. Ballance (2019), "Upskilling: Do Employers Demand Greater Skill When Workers Are Plentiful?", *Review of Economics and Statistics*, Vol. 102/4, S. 793-805, https://doi.org/10.1162/rest_a_00835. [47]

National Academies of Sciences, Engineering, and Medicine (2018), *How People Learn II: Learners, Contexts, and Cultures*, National Academies Press, Washington, D.C., http://dx.doi.org/10.17226/24783. [49]

OECD (erscheint demnächst), *OECD Future of Education and Skills 2030: Curriculum Analysis*, OECD Publishing, Paris. [59]

OECD (2020), "Crime & punishment", *Trends Shaping Education Spotlights*, No. 19, OECD Publishing, Paris, https://dx.doi.org/10.1787/945692bd-en. [55]

OECD (2020), *Early Learning and Child Well-being: A Study of Five-year-Olds in England, Estonia, and the United States*, OECD Publishing, Paris, https://dx.doi.org/10.1787/3990407f-en. [16]

OECD (2019), *A Flying Start: Improving Initial Teacher Preparation Systems*, OECD Publishing, Paris, https://dx.doi.org/10.1787/cf74e549-en. [80]

OECD (2019), "A healthy mind in a healthy body", *Trends Shaping Education Spotlights*, No. 17, OECD Publishing, Paris, https://dx.doi.org/10.1787/eb25b810-en. [5]

OECD (2019), *Balancing School Choice and Equity: An International Perspective Based on Pisa*, PISA, OECD Publishing, Paris, https://dx.doi.org/10.1787/2592c974-en. [28]

OECD (2019), *Bildung auf einen Blick 2019: OECD-Indikatoren*, wbv Media, Bielefeld, https://doi.org/10.3278/6001821mw. [1]

OECD (2019), *Bildung, Trends, Zukunft 2019*, OECD Publishing, Paris, https://doi.org/10.1787/738db6c1-de. [7]

OECD (2019), *Education Policy Outlook 2019: Working Together to Help Students Achieve their Potential*, OECD Publishing, Paris, https://dx.doi.org/10.1787/2b8ad56e-en. [25]

OECD (2019), *Future-Ready Adult Learning Systems*, Getting Skills Right, OECD Publishing, Paris, https://dx.doi.org/10.1787/9789264311756-en. [30]

OECD (2019), *PISA 2018 Results (Volume III): What School Life Means for Students' Lives*, PISA, OECD Publishing, Paris, https://dx.doi.org/10.1787/acd78851-en. [54]

OECD (2019), "Play!", *Trends Shaping Education Spotlights*, No. 18, OECD Publishing, Paris, https://dx.doi.org/10.1787/a4115284-en. [27]

OECD (2019), *Skills Matter: Additional Results from the Survey of Adult Skills*, OECD Skills Studies, OECD Publishing, Paris, https://dx.doi.org/10.1787/1f029d8f-en. [6]

OECD (2019), *TALIS 2018 Results (Volume I): Teachers and School Leaders as Lifelong Learners*, TALIS, OECD Publishing, Paris, https://dx.doi.org/10.1787/1d0bc92a-en. [75]

OECD (2019), *Working and Learning Together: Rethinking Human Resource Policies for Schools*, OECD Reviews of School Resources, OECD Publishing, Paris, https://dx.doi.org/10.1787/b7aaf050-en. [76]

OECD (2018), "A brave new world: Technology and education", *Trends Shaping Education Spotlights*, No. 15, OECD Publishing, Paris, https://dx.doi.org/10.1787/9b181d3c-en. [70]

OECD (2018), *Equity in Education: Breaking Down Barriers to Social Mobility*, PISA, OECD Publishing, Paris, https://dx.doi.org/10.1787/9789264073234-en. [29]

OECD (2018), *Responsive School Systems: Connecting Facilities, Sectors and Programmes for Student Success*, OECD Reviews of School Resources, OECD Publishing, Paris, https://dx.doi.org/10.1787/9789264306707-en. [22]

OECD (2018), *Skills on the Move: Migrants in the Survey of Adult Skills*, OECD Skills Studies, OECD Publishing, Paris, https://dx.doi.org/10.1787/9789264307353-en. [31]

OECD (2018), *The Resilience of Students with an Immigrant Background: Factors that Shape Well-being*, OECD Reviews of Migrant Education, OECD Publishing, Paris, https://dx.doi.org/10.1787/9789264292093-en. [19]

OECD (2018), "Writing in a changing world", *Trends Shaping Education Spotlights*, No. 16, OECD Publishing, Paris, https://dx.doi.org/10.1787/c70a7cb3-en. [43]

OECD (2017), "Citizens with a say", *Trends Shaping Education Spotlights*, No. 13, OECD Publishing, Paris, https://dx.doi.org/10.1787/3092726b-en. [4]

OECD (2017), "Country roads: Education and rural life", *Trends Shaping Education Spotlights*, No. 9, OECD Publishing, Paris, https://dx.doi.org/10.1787/ea43a39d-en. [21]

OECD (2017), "Mind the gap: Inequity in education", *Trends Shaping Education Spotlights*, No. 8, OECD Publishing, Paris, https://dx.doi.org/10.1787/5775ac71-en. [24]

OECD (2017), "Neurodiversity in education", *Trends Shaping Education Spotlights*, No. 12, OECD Publishing, Paris, https://dx.doi.org/10.1787/23198750-en. [23]

OECD (2017), *OECD Employment Outlook 2017*, OECD Publishing, Paris, https://dx.doi.org/10.1787/empl_outlook-2017-en. [9]

OECD (2017), "People on the move", *Trends Shaping Education Spotlights*, No. 11, OECD Publishing, Paris, https://dx.doi.org/10.1787/b3d31c5b-en. [18]

OECD (2017), *Starting Strong 2017: Key OECD Indicators on Early Childhood Education and Care*, Starting Strong, OECD Publishing, Paris, https://dx.doi.org/10.1787/9789264276116-en. [15]

OECD (2017), *The Funding of School Education: Connecting Resources and Learning*, OECD Reviews of School Resources, OECD Publishing, Paris, https://dx.doi.org/10.1787/9789264276147-en. [26]

OECD (2016), *Equations and Inequalities: Making Mathematics Accessible to All*, PISA, OECD Publishing, Paris, https://dx.doi.org/10.1787/9789264258495-en. [62]

OECD (2015), "Gender equality", *Trends Shaping Education Spotlights*, No. 7, OECD Publishing, Paris, https://dx.doi.org/10.1787/ea1ec35f-en. [79]

OECD (2015), *Schooling Redesigned: Towards Innovative Learning Systems*, Educational Research and Innovation, OECD Publishing, Paris, https://dx.doi.org/10.1787/9789264245914-en. [85]

OECD (2013), "Ageing societies", *Trends Shaping Education Spotlights*, No. 1, OECD Publishing, Paris, http://www.oecd.org/education/ceri/Ageing_Societies_Spotlight.pdf. [78]

OECD (2013), *Synergies for Better Learning: An International Perspective on Evaluation and Assessment*, OECD Reviews of Evaluation and Assessment in Education, OECD Publishing, Paris, https://dx.doi.org/10.1787/9789264190658-en. [64]

OECD (2010), *Educating Teachers for Diversity: Meeting the Challenge*, Educational Research and Innovation, OECD Publishing, Paris, https://dx.doi.org/10.1787/9789264079731-en. [56]

OECD (2007), *Evidence in Education: Linking Research and Policy*, OECD Publishing, Paris, https://dx.doi.org/10.1787/9789264033672-en. [97]

OECD (2006), *Stärkere Professionalisierung des Lehrerberufs: Wie gute Lehrer gewonnen, gefördert und gehalten werden können*, Bildungs- und Ausbildungspolitik, OECD Publishing, Paris, https://doi.org/10.1787/9789264023673-de. [74]

OECD (2001), *What Schools for the Future?*, Schooling for Tomorrow, OECD Publishing, Paris, https://dx.doi.org/10.1787/9789264195004-en. [73]

OECD (2000), *Motivating Students for Lifelong Learning*, OECD Publishing, Paris, https://dx.doi.org/10.1787/9789264181830-en. [38]

Orr, D., M. Rimini und D. van Damme (2015), *Open Educational Resources: A Catalyst for Innovation*, Educational Research and Innovation, OECD Publishing, Paris, https://dx.doi.org/10.1787/9789264247543-en. [35]

Paniagua, A. und A. Sánchez-Martí (2018), "Early Career Teachers: Pioneers Triggering Innovation or Compliant Professionals?", *OECD Education Working Papers*, No. 190, OECD Publishing, Paris, https://dx.doi.org/10.1787/4a7043f9-en. [81]

Paniagua, A. und D. Istance (2018), *Teachers as Designers of Learning Environments: The Importance of Innovative Pedagogies*, Educational Research and Innovation, OECD Publishing, Paris, https://dx.doi.org/10.1787/9789264085374-en. [60]

Pellegrino, J. (2017), "Teaching, learning and assessing 21st century skills", in *Pedagogical Knowledge and the Changing Nature of the Teaching Profession*, Guerriero, S. (Hrsg.), OECD Publishing, Paris, https://dx.doi.org/10.1787/9789264270695-12-en. [45]

Pollard, A. (Hrsg.) (2010), *Professionalism and pedagogy: A contemporary opportunity*, Teaching and Learning Research Programme, London, http://reflectiveteaching.co.uk/media/profandped.pdf. [89]

Révai, N. (2020), "What difference do networks make to teachers' knowledge?: Literature review and case descriptions", *OECD Education Working Papers*, No. 215, OECD Publishing, Paris, https://dx.doi.org/10.1787/75f11091-en. [84]

Révai, N. (2018), "What difference do standards make to educating teachers?: A review with case studies on Australia, Estonia and Singapore", *OECD Education Working Papers*, No. 174, OECD Publishing, Paris, https://dx.doi.org/10.1787/f1cb24d5-en. [77]

Révai, N. und S. Guerriero (2017), "Knowledge dynamics in the teaching profession", in *Pedagogical Knowledge and the Changing Nature of the Teaching Profession*, Guerriero, S. (Hrsg.), OECD Publishing, Paris, https://dx.doi.org/10.1787/9789264270695-4-en. [87]

Sahlberg, P. (2016), "The Global Educational Reform Movement and Its Impact on Schooling", in *The Handbook of Global Education Policy*, Mundy, K. et al. (Hrsg.), John Wiley & Sons, Ltd, Chichester, http://dx.doi.org/10.1002/9781118468005.ch7. [94]

Schildkamp, K. (2019), "Data-based decision-making for school improvement: Research insights and gaps", *Educational Research*, Vol. 61/3, S. 257-273, http://dx.doi.org/10.1080/00131881.2019.1625716. [71]

Schmidt, W. et al. (2015), "The Role of Schooling in Perpetuating Educational Inequality", *Educational Researcher*, Vol. 44/7, S. 371-386, http://dx.doi.org/10.3102/0013189x15603982. [61]

Schuller, T. (2019), "Leadership, Learning and Demographics: The Changing Shape of the Lifecourse and its Implications for Education", *FETL Occasional Paper*, Further Education Trust for Leadership, https://fetl.org.uk/wp-content/uploads/2019/11/FETL-Leadership-Learning-and-Demographics-AW-WEB.pdf. [39]

Scott, C. (2015), "The futures of learning 2: What kind of learning for the 21st century?", *ERF Working Papers Series*, No. 14, UNESCO, Paris, https://unesdoc.unesco.org/ark:/48223/pf0000242996/PDF/242996eng.pdf.multi. [44]

Shierholz, H. und E. Gould (2018), "Why is real wage growth anemic? It's not because of a skills shortage", Working Economics Blog, 19. Juli, Economic Policy Institute, Washington, D.C., https://www.epi.org/blog/why-is-real-wage-growth-anemic-its-not-because-of-a-skills-shortage/ (Abruf: 6. März 2020). [48]

Singh, M. (2015), *Global Perspectives on Recognising Non-formal and Informal Learning*, Education and Training: Issues, Concerns and Prospects, Vol. 21, Springer International Publishing, Cham, http://dx.doi.org/10.1007/978-3-319-15278-3. [33]

Tarabini, A., A. Castejón und M. Curran (2020), "Capacidades, hábitos y carácter: atribuciones docentes sobre el alumnado de Bachillerato y Formación Profesional", *Papers. Revista de Sociologia*, Vol. 105/2, S. 211-234, http://dx.doi.org/10.5565/rev/papers.2778. [66]

Theisens, H. (2016), "Hierarchies, networks and improvisation in education governance", in *Governing Education in a Complex World*, Burns, T. und F. Köster (Hrsg.), OECD Publishing, Paris, https://dx.doi.org/10.1787/9789264255364-5-en. [92]

Ulferts, H. (2019), "The relevance of general pedagogical knowledge for successful teaching: Systematic review and meta-analysis of the international evidence from primary to tertiary education", *OECD Education Working Papers*, No. 212, OECD Publishing, Paris, https://dx.doi.org/10.1787/ede8feb6-en. [88]

UNESCO (2016), *Bildung überdenken: ein globales Gemeingut?*, Schweizerische, Deutsche und Österreichische UNESCO-Kommissionen, https://unesdoc.unesco.org/ark:/48223/pf0000246481. [3]

Verger, A. (2019), "Partnering with non-governmental organizations in public education: contributions to an ongoing debate", *Journal of Educational Administration*, Vol. 57/4, S. 426-430, http://dx.doi.org/10.1108/jea-07-2019-224. [101]

Verger, A., L. Parcerisa und C. Fontdevila (2018), "The growth and spread of large-scale assessments and test-based accountabilities: a political sociology of global education reforms", *Educational Review*, Vol. 71/1, S. 5-30, http://dx.doi.org/10.1080/00131911.2019.1522045. [42]

Vincent-Lancrin, S. et al. (2019), *Fostering Students' Creativity and Critical Thinking: What it Means in School*, Educational Research and Innovation, OECD Publishing, Paris, https://dx.doi.org/10.1787/62212c37-en. [65]

Waslander, S., C. Pater und M. van der Weide (2010), "Markets in Education: An Analytical Review of Empirical Research on Market Mechanisms in Education", *OECD Education Working Papers*, No. 52, OECD Publishing, Paris, https://dx.doi.org/10.1787/5km4pskmkr27-en. [95]

Weltbank (2017), *World Development Report 2018: Learning to Realize Education's Promise*, Weltbank, Washington, D.C., http://dx.doi.org/10.1596/978-1-4648-1096-1. [46]

Werquin, P. (2010), *Recognising Non-Formal and Informal Learning: Outcomes, Policies and Practices*, OECD Publishing, Paris, https://dx.doi.org/10.1787/9789264063853-en. [34]

Wittgenstein Centre for Demography and Global Human Capital (2018), "Wittgenstein Centre Data Explorer Version 2.0 (Beta)", http://www.wittgensteincentre.org/dataexplorer. [2]

Wyatt-Smith, C., B. Lingard und E. Heck (2019), "Digital learning assessments and big data: Implications for teacher professionalism", *ERF Working Papers*, No. 25, UNESCO, Paris, https://unesdoc.unesco.org/ark:/48223/pf0000370940. [69]

# 4 Die OECD-Szenarien zur Zukunft von Schule und Bildung

In diesem Kapitel werden vier Szenarien zur Zukunft von Schule und Bildung beschrieben. Sie knüpfen bei den sechs im Jahr 2001 vorgelegten Szenarien des OECD-Programms *Schooling for Tomorrow* an und skizzieren vier mögliche Entwicklungen bis zum Jahr 2040.

- **Ausbau der schulischen Bildung** durch eine Stärkung des derzeitigen Massenschulmodells
- **Auslagerung der Bildungsangebote** mit einer Stärkung der Bildungsmärkte
- **Schulen als Bildungshubs** dank einer Neuausrichtung des Bildungssystems und einer Transformation der Schule
- **Kontinuierliches Lernen** bzw. Ende des schulbasierten Lernens und der schulischen Bildung

## Einleitung

In der 2001 erschienen Publikation *What Schools for the Future?* (OECD, 2001[1]) legte die OECD eine Reihe von Szenarien zur Zukunft von Schule und Bildung vor. Dieser Beitrag zum Zukunftsdenken im Bildungsbereich liefert auch heute noch Denkanstöße. Viele der wesentlichen darin behandelten Aspekte sind auch fast zwanzig Jahre nach der Veröffentlichung noch Gegenstand von Diskussionen.

Seit der Jahrtausendwende hat sich jedoch auch vieles verändert, sowohl im Bildungsbereich als auch in der Gesellschaft generell. Daher werden in diesem Kapitel aktualisierte Szenarien präsentiert, die auf diesen innovativen Überlegungen sowie auf Vorarbeiten des Centre for Educational Research and Innovation (CERI) zur Publikationsreihe *Bildung, Trends, Zukunft* aus über zehn Jahren aufbauen.

Auch wenn es verlockend ist, Szenarien als mögliche, zur Auswahl stehende Zukunftsentwürfe zu betrachten, muss klar sein, dass es sich dabei nicht um Vorhersagen handelt. Wie bereits an früherer Stelle erörtert, sind die meisten unserer Zukunftsvorstellungen linear und basieren auf einer Fortschreibung aktueller Trends. Trends können sich aber auch abschwächen, verstärken, verändern oder enden. Selbst langfristige Entwicklungen können durch unvorhergesehene Ereignisse unterbrochen werden.

Szenarien sollen vielmehr Reflexionen darüber anstoßen, inwieweit die Zukunft von unseren derzeitigen Erwartungen abweichen könnte. Durch solche Reflexionen können wir erkennen, wie gut wir auf die verschiedenen möglichen Entwicklungen vorbereitet sind. Sich verschiedene Zukunftsszenarien vorzustellen, heißt also begreifen, dass nicht nur ein Weg in die Zukunft führt, sondern viele (OECD, 2001[1]).

In den 2001 vorgelegten OECD-Szenarien wurden sechs mögliche Zukunftsentwicklungen skizziert. Dazu wurde auf mehrere Variablen zurückgegriffen: Einstellungen, Erwartungen und politische Unterstützung, Ziele und Funktionen, Organisation und Strukturen, die geopolitische Dimension und Lehrkräfte. Diese wurden je nach Ausprägung einer von drei Entwicklungsrichtungen zugeordnet:

- **Extrapolation des Status quo**
    - Szenario 1: Widerstandsfähige bürokratische Systeme
    - Szenario 2: Erweiterung des Marktmodells
- **Neuausrichtung des Bildungssystems**
    - Szenario 3: Schulen als Schlüsselzentren der Gesellschaft
    - Szenario 4: Schulen als Zentren des Lernens
- **Abkehr vom Bildungssystem**
    - Szenario 5: Netzwerke von Lernenden und die Netzwerkgesellschaft
    - Szenario 6: Exodus der Lehrkräfte – das Kollaps-Szenario

## Vier neue OECD-Szenarien zur Zukunft von Schule und Bildung

Im vorliegenden Bericht werden vier aktualisierte Szenarien präsentiert. Dafür wurden die in den ursprünglichen Szenarien thematisierten Entwicklungstendenzen einer Neuausrichtung des Bildungssystems bzw. einer Abkehr vom Bildungssystem aufgegriffen und überarbeitet – die Stärkung von Bildungsmärkten, die steigenden Investitionen und die zentrale Bedeutung digitaler Technologien, die Menschen vernetzen und ein stärker personalisiertes Lernen ermöglichen.

Die Szenarien knüpfen auch bei der aktuellen Diskussion über die Bedeutung der individuellen Motivation für den Lernerfolg an und tragen sowohl informellen als auch nichtformalen Lernmöglichkeiten Rechnung. Technologische Fortschritte wurden in den Szenarien ebenso berücksichtigt wie die wichtigsten Veränderungen und Trends im Bildungsbereich selbst (vgl. Kapitel 3).

Infografik 4.1 bietet einen Überblick über diese vier OECD-Szenarien zur Zukunft von Schule und Bildung. Der Zeithorizont der Szenarien erstreckt sich auf etwa zwanzig Jahre bis zum Jahr 2040. Dies ist lang genug für einen signifikanten Wandel, der über den unmittelbaren Handlungshorizont der Politikverantwortlichen hinausgeht, aber auch kurz genug, um nicht nur Zukunftsforscher*innen und Visionär*innen anzusprechen.

## Infografik 4.1. Überblick: Vier OECD-Szenarien zur Zukunft von Schule und Bildung

| OECD-Szenarien zur Zukunft von Schule und Bildung | Ziele und Funktionen | Organisation und Strukturen | Lehrkräfte | Governance und Geopolitik | Herausforderungen für staatliche Stellen |
|---|---|---|---|---|---|
| **Szenario 1** – Ausbau der schulischen Bildung | Schulen als Schlüsselakteure der Sozialisation, Qualifizierung, Kinderbetreuung und Kompetenzbescheinigung | Schulsysteme mit Bildungsmonopol, die all ihre traditionellen Funktionen behalten | Tätigkeit in monopolistischen Schulsystemen mit potenziell neuen Skaleneffekten und stärkerer Aufgabenteilung | Zentraler Stellenwert der traditionellen Verwaltung und Fokussierung auf internationale Zusammenarbeit | Gewährleistung von Vielfalt und Qualität in einem einheitlichen System, potenzielle Zielkonflikte zwischen Konsensorientierung und Innovation |
| **Szenario 2** – Auslagerung der Bildungsangebote | Fragmentierung der Nachfrage, selbstbestimmte „Kunden", die flexible Angebote wünschen | Diversifizierung der Strukturen durch vielfältige Organisationsformen | Tätigkeit in verschiedensten Rollen und Positionen in und außerhalb der Schule | Schulsysteme als Akteure in einem umfassenderen (lokalen, nationalen, globalen) Bildungsmarkt | Förderung von Zugang und Qualität, Behebung von „Marktversagen", Wettbewerb mit anderen Anbietern und Gewährleistung des Informationsflusses |
| **Szenario 3** – Schulen als Bildungshubs | Stärkere Personalisierung und Einbindung der lokalen Bevölkerung dank flexiblerer Strukturen | Aufbau verschiedener Konfigurationen lokaler und globaler Ressourcen durch die Schulen | Lehrkräfte als Knotenpunkte umfassender und flexibler Kompetenznetzwerke | Starke Fokussierung auf lokale Entscheidungen, selbstorganisierende Einheiten im Rahmen verschiedener Partnerschaften | Interessenvielfalt und Dynamik der Machtverhältnisse, potenzieller Konflikt zwischen lokalen und systemischen Zielen, große Unterschiede bei lokalen Kapazitäten |
| **Szenario 4** – Kontinuierliches Lernen | Überlagerung der traditionellen Ziele und Funktionen schulischer Bildung durch Technologie | Ende der Schule als soziale Institution | Offener Markt von „Prosumenten" mit zentraler Bedeutung für (lokale, nationale, globale) praxisbezogene Gemeinschaften | Fokussierung auf (globale) Datengovernance und digitale Technologien | Beeinträchtigung demokratischer Kontrolle und individueller Rechte durch umfassende Interventionsmöglichkeiten (Staat, Unternehmen), Risiko stärker gesellschaftlicher Fragmentierung |

ZURÜCK IN DIE ZUKUNFT: VIER OECD-SZENARIEN FÜR SCHULE UND BILDUNG © OECD 2021

*Nutzung der Szenarien*

Szenarien sind „nur Geschichten" und können daher offener erörtert und diskutiert werden als Politikentscheidungen. Bei der Arbeit mit Szenarien geht es darum, über die Szenarien selbst sowie über die darin beschriebenen Veränderungsprozesse nachzudenken und dabei sowohl gesellschaftliche Entwicklungen als auch mögliche Reaktionen des Bildungssektors zu berücksichtigen.

Szenarien sind Instrumente, um wahrscheinliche Zukunftsentwicklungen aufzuzeigen. Damit können wir

- beobachten, wie sich unsere Bildungssysteme entwickeln,
- mögliche Ursachen dieser Entwicklungen erkennen und aktuelle Tendenzen beleuchten, die bewirken könnten, dass sich diese Entwicklungen unverändert fortsetzen, beschleunigen oder grundlegend verändern,
- uns in diese Zukunftsszenarien hineinversetzen und überprüfen, wie gut wir vorbereitet sind (sowohl auf erwartete Zukunftsentwicklungen als auch auf unerwartete Veränderungen, von denen eine Schockwirkung auf das System ausgehen würde – vgl. Kasten 4.1).

---

**Kasten 4.1. Wie gut sind Bildungssysteme auf Ungewissheit vorbereitet?**

Ganz gleich, wie gezielt wir vorausplanen, die Zukunft bleibt unvorhersehbar. Dies wurde uns im Jahr 2020 schmerzlich bewusst, als sich die Länder verzweifelt bemühten, die Corona-Pandemie in den Griff zu bekommen.

Um für künftige Entwicklungen gewappnet zu sein, müssen zwei Dimensionen bedacht werden: 1. die Wahrscheinlichkeit und 2. die Auswirkungen. Einige Entwicklungen sind wahrscheinlicher als andere. Es ist jedoch wichtig, sich auch auf Ereignisse vorzubereiten, die zwar unwahrscheinlich sind, aber zu massiven Umwälzungen führen würden.

Dabei könnte es sich neben globalen Pandemien auch um Schocks anderer Art handeln, wie z. B. (OECD, 2019[2]):

- Naturkatastrophen (sehr wahrscheinlich; Auswirkungen je nach Ausmaß und Dauer der Naturkatastrophe bzw. Erfahrung mit Präventions- und Eindämmungsmaßnahmen)
- wirtschaftliche Schocks/Krisen (immer wahrscheinlicher in der vernetzten globalisierten Welt; Auswirkungen je nach Intensität und Dauer des Schocks)
- (Cyber-)Krieg (kontextabhängige Wahrscheinlichkeit; je nach Art des Angriffs mehr oder weniger gravierende Auswirkungen)
- Ausfall des Internets/Zusammenbruch der Kommunikation aufgrund einer Durchtrennung von Tiefseekabeln oder Angriffen auf Satelliten (weniger wahrscheinlich, aber mit massiven Auswirkungen, insbesondere bei (zufälligem oder beabsichtigtem) gleichzeitigem Eintritt anderer Schocks)
- Mensch-Maschine-Schnittstellen/allgemeine künstliche Intelligenz (Wahrscheinlichkeit und Auswirkungen noch nicht abschätzbar)

---

Im Folgenden werden die vier Szenarien genauer beschrieben. Bei der Arbeit mit Szenarien müssen u. a. folgende Fragen berücksichtigt werden (wegen näherer Einzelheiten, einschließlich Links zu weiteren Quellen vgl. Kapitel 2):

- Auf welche neuen Veränderungen oder Anzeichen für einen Wandel müssen wir achten?
- Welche Strategien stehen uns zur Verfügung (Finanzierung, Verbote, Förderung neuer Praktiken, Aufbau von Partnerschaften usw.)?

- Wie effektiv wären die aktuellen Praktiken in den einzelnen Szenarien?
- Welche neuen Möglichkeiten bieten sich, um vorhandene Stärken und neue Chancen miteinander zu verknüpfen und um zu verhindern, dass vorhandene Schwächen zu neuen Bedrohungen führen?
- Welche neuen Handlungsoptionen erscheinen in Anbetracht der Diskussion gegenwärtig sinnvoll?

Zu jedem Szenario werden außerdem mögliche Ursachen, aktuelle Entwicklungen und konkrete Diskussionspunkte benannt. Letztere sollen Denkanstöße liefern, Fragen aufwerfen und weitere Reflexionen und Diskussionen anregen.

## Szenario 1: Ausbau der schulischen Bildung

> Der Aufwärtstrend bei der formalen Bildungsbeteiligung hält an. Internationale Zusammenarbeit und technischer Fortschritt begünstigen ein stärker individualisiertes Lernen, die schulischen Strukturen und Prozesse bleiben jedoch intakt.

In diesem Szenario **nehmen die meisten Kinder und Jugendlichen länger an formaler Bildung teil**. Es ist allgemein anerkannt, dass Bildung das Fundament wirtschaftlicher Wettbewerbsfähigkeit ist. Die meisten Länder unternehmen größere Anstrengungen, um einen universellen Zugang zu formaler Bildung zu gewährleisten – von der frühkindlichen Bildung bis über die Tertiärbildung hinaus. **Formale Abschlüsse sind nach wie vor Grundvoraussetzung für wirtschaftlichen und sozialen Erfolg.** Gleichzeitig wird zunehmend mehr erwartet. Daher setzen die Menschen verstärkt auf alternative Kompetenznachweise und ein breites Spektrum ehrenamtlicher Tätigkeit und nichtformaler Beschäftigung, um ihre Chancen am Arbeitsmarkt zu verbessern. In einigen Ländern wird dies mit öffentlichen und privaten Mitteln gefördert.

Der bürokratische Charakter des Schulsystems bleibt erhalten. Besondere **Aufmerksamkeit gilt dem Lehrplan**, wobei viele Länder über einheitliche Lehrpläne und Beurteilungsmethoden verfügen. Der Druck zur Vereinheitlichung und Durchsetzung von Standards hält an. Trotzdem haben Schüler*innen bei der Auswahl der Lerninhalte mehr Freiheiten, solange sie die vorgegebenen Kernkompetenzen erwerben. Das Hauptaugenmerk liegt auf Kenntnissen und Kompetenzen, Werte und Einstellungen erhalten jedoch einen höheren Stellenwert (z. B. Zusammenarbeit, unternehmerische Initiative).

**Eine intensive internationale öffentlich-private Zusammenarbeit** ermöglicht digitale Lernsysteme, die auf länderübergreifend genutzten Lernressourcen und Daten basieren. Die staatlichen Bildungsbehörden sind immer noch die primäre Entscheidungsinstanz. Sie haben jedoch an Einfluss verloren, während internationale Anbieter an Einfluss gewonnen haben. Erfolg versprechende Innovationen des privaten Sektors werden in den staatlichen Systemen rasch aufgegriffen.

**Die Unterrichtsorganisation in den Schulen und die Beziehungen zwischen Lehrkräften und Schüler*innen verändern sich im Grunde nicht, trotzdem gibt es Raum für Innovationen.** Der Unterricht basiert nach wie vor auf dem Modell Schulklasse/Lehrkraft, die Zeitplanung wird jedoch flexibler gehandhabt, da hybride Unterrichtsmethoden eingeführt werden und die strikte Trennung der traditionellen Schulfächer aufgeweicht wird. Lernanalytik und Gesichtserkennungstechnologien ermöglichen kontinuierliche Analysen der Unterrichtsdynamik und eine Beurteilung der Anstrengungen und Disziplin der Schüler*innen. Dabei erhalten Schüler*innen, Lehrkräfte und Eltern ein sofortiges Feedback mit Informationen über die Lernfortschritte und Warnungen im Fall von Fehlverhalten. Prüfungen sind nicht mehr erforderlich, da Evaluierung und Unterricht gleichzeitig erfolgen.

Die Schulen können durch ihre Netzwerke Skaleneffekte nutzen, um mit Digitalisierung und Dateninformationssystemen für eine effektivere Planung und Ressourcenverwendung zu sorgen. Die **Schulen setzen auf eine stärkere Aufgabenteilung und Diversifizierung der beruflichen Rollen**. Der Lehrkörper ist weniger umfangreich, aber eigenständig und hochqualifiziert. Er ist weiterhin für die Konzeption der Lerninhalte und -aktivitäten zuständig, die anschließend von Lehrrobotern sowie von Mitarbeiter*innen in unterschiedlichen Konstellationen (ehrenamtlich/bezahlt, Teilzeit/Vollzeit, Präsenzunterricht/Online-Unterricht) oder direkt mit Bildungssoftware umgesetzt und überwacht werden können. Neue Berufe gewinnen stark an Bedeutung. Ein Beispiel hierfür sind Lerndatenanalyst*innen, die in schulischen Netzwerken oder anderen „Lernbranchen" tätig sind.

Die Digitalisierung sorgt für mehr Lernautonomie, sodass sich das schulische Personal stärker **auf die emotionalen Bedürfnisse und die Lernmotivation der Schüler*innen konzentrieren** kann. Die Fokussierung auf digitale Tools hat Auswirkungen auf den klassischen Unterricht. Die Rolle pädagogischer Fachkräfte könnte sich in vielen Fällen auf „Notfallmanagement" beschränken. Von entscheidender Bedeutung ist in diesem Szenario, dass die Weiterbildung und die Laufbahnstrukturen an die neue Situation angepasst werden: Wenn Lehrkräfte den Eindruck haben, dass Weiterbildung und berufliche Anforderungen auseinanderklaffen, könnte dies die Berufszufriedenheit beeinträchtigen.

## Infografik 4.2. Szenario 1: Ausbau der schulischen Bildung

**Ziele und Funktionen**
- Der Aufwärtstrend bei der formalen Bildungsbeteiligung hält an. Formale Bildungsabschlüsse sind weiterhin Grundvoraussetzung für wirtschaftlichen und sozialen Erfolg.
- Der Lehrplan steht im Vordergrund und die Länder verwenden einheitliche Lehrpläne und Beurteilungsmethoden.

**Organisation und Strukturen**
- Dank internationaler öffentlich-privater Partnerschaften entstehen digitale Lernumgebungen. Lernressourcen und Daten werden länderübergreifend genutzt.
- Die Unterrichtsorganisation und die Beziehungen zwischen Lehrkräften und Schüler*innen verändern sich kaum, es gibt jedoch Raum für Innovationen.

**Lehrkräfte**
- Angesichts eines stärker personalisierten Lernens verändert sich die Arbeit von Lehrkräften, was zudem Auswirkungen auf die Aus- und Weiterbildung pädagogischer Fachkräfte hat.
- Die schulischen Netzwerke profitieren dank einer klaren Aufgabenteilung und einer stärkeren Diversifizierung der beruflichen Rollen von größeren Skaleneffekten.

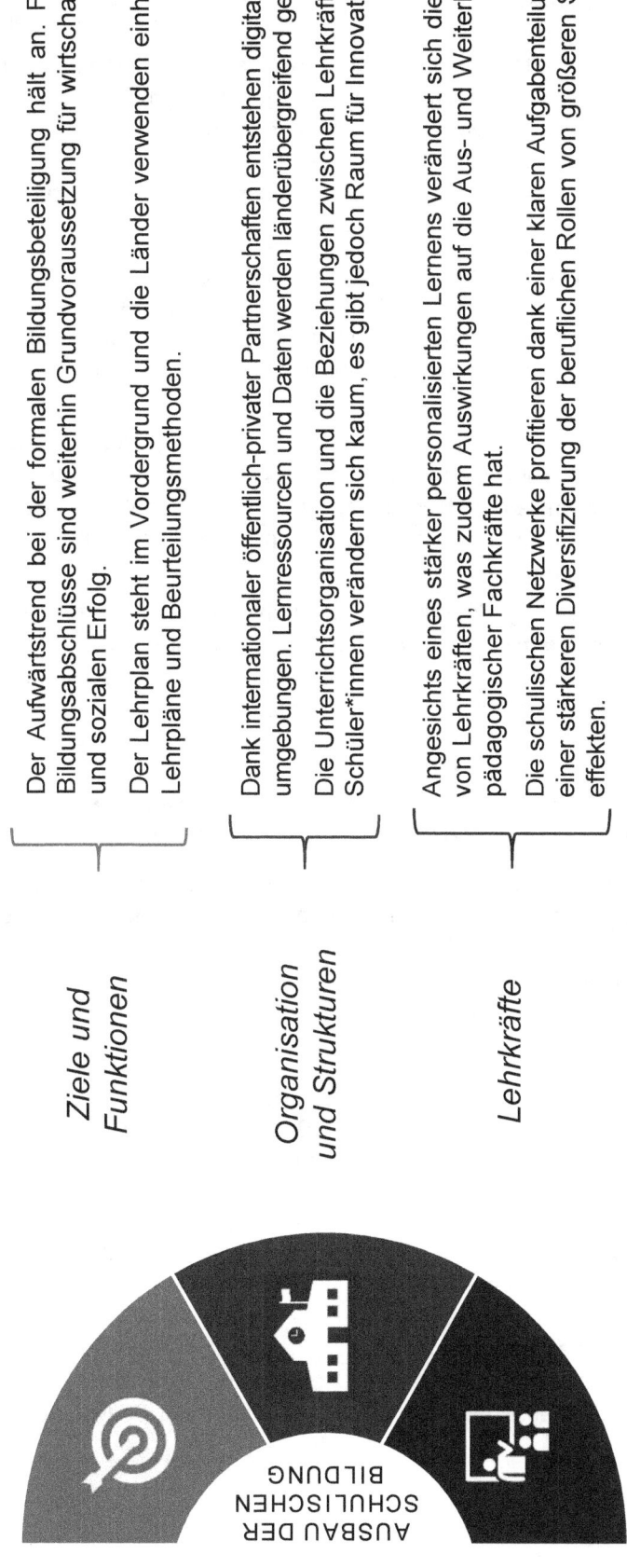

*Governance und Geopolitik*
- Zentraler Stellenwert der traditionellen öffentlichen Verwaltung
- Stärkere Fokussierung auf Partnerschaften und internationale Zusammenarbeit

*Herausforderungen für staatliche Stellen*
- Qualitätssicherung bei unterschiedlichen Anforderungen im System
- Beeinträchtigung der Innovationstätigkeit durch langwierige Konsensbildung

ZURÜCK IN DIE ZUKUNFT: VIER OECD-SZENARIEN FÜR SCHULE UND BILDUNG © OECD 2021

## Kasten 4.2. Nutzung der Szenarien: Ausbau der schulischen Bildung

*Aktuelle Entwicklungen und Diskussionspunkte*

Es gibt viele Aspekte, die auf einen Fortbestand der Massenschulsysteme hindeuten. Einige sind wirtschaftlicher und praktischer Art, wie z. B. die Kinderbetreuungsfunktion von Schulen, die es Eltern ermöglicht, Beruf und Familie miteinander zu vereinbaren. Andere wiederum sind kultureller Art, wie die Tatsache, dass Schulen in einer immer vielfältiger werdenden Gesellschaft ein Sozialgefüge schaffen, das den Aufbau von Beziehungen, die Überbrückung von Ungleichheiten und die Reproduktion sozialer Normen ermöglicht.

- Dass Veränderungen ausbleiben, wird häufig dem Konservatismus und der Trägheit des Systems zugeschrieben. Aber können wir uns überhaupt vorstellen, dass die formale Bildung in den nächsten zwanzig Jahren an Bedeutung verliert? Was sind die Hauptgründe für den Fortbestand der Massenschule? Welche Akteure befürworten sie? Welche Interessengruppen stehen dahinter?
- Ein weiterer Aspekt, der auf einen Fortbestand hindeutet, ist die Tatsache, dass sich Arbeitgeber nach wie vor an herkömmlichen Indikatoren des Bildungsniveaus (z. B. akademische Abschlüsse, Ruf der Hochschule oder Ausbildungseinrichtung) orientieren. Warum sind diese klassischen Kriterien so änderungsresistent? Wird sich die Haltung von Arbeitgebern (bzw. Schüler*innen und Eltern) ändern?
- Der Ausbau und die „Vermassung" der Bildung legen nahe, dass irgendwann auch das lebenslange Lernen in das Schulsystem integriert werden wird. Wie lässt sich dabei am besten sicherstellen, dass das Angebot hochwertig ist und jenen zugutekommt, die es am meisten benötigen? Sollte es einen Rechtsanspruch auf lebenslanges Lernen geben?

Wenn die Trends zu Globalisierung, Multilateralismus und internationaler Zusammenarbeit anhalten, werden engere Beziehungen zwischen dem öffentlichen Sektor und privaten Akteuren entstehen, die in zunehmendem Maße auch internationale Partnerschaften umfassen werden.

- Schulsysteme beruhen in der Regel auf nationalen Modellen und Identitäten. Könnte sich angesichts der zunehmenden Digitalisierung der Bildung ein internationales Schulsystem entwickeln? Und wenn nicht, hätten Schüler*innen die Möglichkeit, sich in ein öffentliches Schulsystem eines anderen Landes einzuschreiben?
- Sollten die Länder gemeinsame Anstrengungen unternehmen, um einheitliche Beurteilungs- und Unterrichtsmethoden zu entwickeln? Was spricht dafür, was dagegen?
- Der Privatsektor bietet angesichts des raschen technologischen Wandels häufig den effektivsten Schutz vor Cyberrisiken. Können die Bildungssysteme zum beiderseitigen Vorteil mit diesen Akteuren zusammenarbeiten? Welche Faktoren könnten die Zusammenarbeit behindern bzw. fördern?

Dieses Szenario ist zwar eine Fortsetzung des Status quo, könnte sich aber auf unterschiedliche Art und Weise entwickeln. Eine wichtige Variable sind die bildungsbezogenen FuE-Investitionen, die sich in den letzten Jahren vor allem dank der Investitionstätigkeit in China und den Vereinigten Staaten kontinuierlich erhöht haben. Die rasante Entwicklung in den Bereichen virtuelle und erweiterte Realität, Robotik, Blockchain und in zunehmendem Maße auch der künstlichen Intelligenz könnte Veränderungen vieler der systemischen Elemente nach sich ziehen, auf denen der Status quo beruht.

- Werden sich die Lehrkräfte stärker auf soziale und emotionale Kompetenzen konzentrieren, wenn es im Unterricht dank technologischer Fortschritte nicht mehr in erster Linie um die Vermittlung von Fakten und Zahlen geht? Werden sie engere Kontakte zu den Familien aufbauen? Welche Auswirkungen hätte dies auf die Aus- und Weiterbildung von Lehrkräften?
- Wie würde sich eine umfassende Digitalisierung der Schule auf den Einsatz und die Verteilung von Personal auswirken? Und wie auf die Beziehungen und die Zusammenarbeit von Fachkräften? Hätte eine solche Entwicklung Auswirkungen auf die fachliche Beurteilung und die Rechenschaftspflicht von Lehrkräften?
- Sollten sämtliche Akteure (z. B. Schüler*innen, Eltern, Medien) in jedem Fall Zugang zu allen bildungsbezogenen Daten haben? Welche Auswirkungen hätte dies auf die Beziehungen zwischen Lehrkräften und Schüler*innen sowie zwischen Lehrkräften und Eltern bzw. auf andere Beziehungen im schulischen Kontext?

## Szenario 2: Auslagerung der Bildungsangebote

> Die traditionellen Schulsysteme weichen einem stärkeren direkten Engagement der Gesellschaft in der Bildung. Lernen findet in vielfältigeren, privatisierten und flexiblen Strukturen statt, wobei digitalen Technologien eine Schlüsselrolle zukommt.

In diesem Szenario entstehen **verschiedene Arten privater und lokaler Initiativen als Alternative zur Schule**. Dank äußerst flexibler Arbeitsregelungen können sich die Eltern bei der Bildung der Kinder stärker einbringen. Von den Familien geht ein Privatisierungsdruck aus, der den öffentlichen Bildungssystemen zu schaffen macht. Entscheidungen spielen in diesem Szenario eine Schlüsselrolle – die Entscheidungen derer, die Bildungsdienstleistungen kaufen, und die Entscheidungen von Instanzen wie Arbeitgebern, durch die die verschiedenen Bildungswege einen Marktwert erhalten.

**Im Hinblick auf Organisationsformen wird viel experimentiert**, u. a. mit einer Mischung aus Hausunterricht, Lernbegleitung, Online-Lernen und lokalen Unterrichts- und Lernangeboten. In einigen Ländern führt der Wettbewerb zwischen öffentlichen und privaten Anbietern zu einer qualitativen Verbesserung des Angebots. In anderen Ländern bleibt das öffentliche Angebot eine reine „Hilfsmaßnahme", bei der Eltern eine kostenlose oder kostengünstige Kinderbetreuung angeboten wird und Kinder Zugang zu Lernmöglichkeiten und -aktivitäten erhalten, die ihren Tagesablauf strukturieren.

Die zunehmende Auslagerung von Bildungsangeboten geht mit einem massiven **Abbau der traditionellen bürokratischen Governance- und Rechenschaftsstrukturen** einher. Angesichts des explosionsartigen Anstiegs der Zahl der Anbieter auf dem „Bildungsmarkt" entstehen verschiedene Kompetenznachweise und Qualitätsindikatoren. Der Erfolg der privaten Angebote bemisst sich allerdings daran, inwieweit sie den wahrgenommenen Bedürfnissen gerecht werden. Darüber hinaus könnte sich der Staat – im besten Interesse der Kinder – vorbehalten, die Angebote auf dem Markt anhand von Bewertungen zu vergleichen und zu steuern. Die Besorgnis über die zunehmende gesellschaftliche Fragmentierung entwickelt sich vor dem Hintergrund der stärkeren Privatisierung und der Individualisierung der Bildungswege in allen Ländern zu einem politischen Dauerthema. Die Politik reagiert darauf in vielen Fällen mit der Wiedereinführung einer allgemeinen Dienstpflicht – in diesem Fall allerdings eher einer Zivil- als einer Wehrdienstpflicht.

Eltern von kleinen Kindern nehmen öffentliche Kinderbetreuungsangebote in Anspruch, beteiligen sich an selbstorganisierten lokalen Netzwerken oder nutzen marktbasierte Betreuungsangebote, die über digitale

Plattformen vermittelt werden. Wenn die Kinder mit zunehmendem Alter autonomer werden und beim Lernen anspruchsvollere Aufgaben lösen, spielen **spezialisierte Lernplattformen und Beratungsdienste** eine größere Rolle – digitale, face-to-face, öffentliche und private. Auch die **Arbeitgeber engagieren sich stärker im Bildungsbereich**. Dies gilt für Großunternehmen, aber auch für kleine und mittlere Unternehmen. Die KMU, die für ein derartiges Engagement bislang zumeist nicht genügend finanzielle und technische Kapazitäten hatten, erhalten nun eine höhere finanzielle Unterstützung, da durch den Konsolidierungsprozess der Schule zusätzliche Ressourcen frei werden.

Durch die Abkehr von den rigiden Strukturen des traditionellen Schulsystems (z. B. Jahrgangsstufen, Bildungsbereiche) verfügen die Lernenden über einen größeren Spielraum, ihr Lerntempo selbst zu bestimmen und formales Lernen mit anderen Aktivitäten zu kombinieren. Das (im Hinblick auf Dauer, Umfang, Kosten usw.) vielfältigere Angebot an Bildungsgängen schlägt sich in **Programmen** nieder, die **besser auf die individuellen Bedürfnisse abgestimmt** und auf das Ziel des lebenslangen Lernens ausgerichtet werden können. Eine größere Vielfalt von Anbietern führt allerdings nicht zwangsläufig zu radikal anderen Unterrichts- und Lernerfahrungen für die Lernenden. **Es könnte durchaus sein, dass gewisse kulturelle Aspekte der traditionellen schulischen Organisation in diesem Szenario fortbestehen**, z. B. die Rollenbilder von Lehrkräften und Schüler*innen.

In Lernnetzwerken werden je nach wahrgenommenem Bedarf verschiedenste Kompetenzen gebündelt. Dies führt zu einer raschen Aufweichung der traditionellen Konventionen, Vertragsgestaltungen und Laufbahnstrukturen im Bildungsbereich. Das Personal öffentlicher Schulen (das vor Ort oder digital tätig ist) wird **im Hinblick auf Lehrprofile**, Arbeitsregelungen, **berufliche Positionen und Status vielfältiger**. Es umfasst u. a. selbstständige Betreuer*innen, Berufsberater*innen, Kompetenzmarktanalyst*innen sowie pädagogische Fachkräfte privater Plattformen.

## Infografik 4.3. Szenario 2: Auslagerung der Bildungsangebote

### Ziele und Funktionen

Dank eines stärkeren Engagements der Eltern entwickeln sich verschiedene Arten privater und lokaler Initiativen als Alternative zur Schule.

Entscheidungen spielen eine Schlüsselrolle – die Entscheidungen derer, die Bildungsdienstleistungen kaufen, und die Entscheidungen von Instanzen wie Arbeitgebern, durch die die verschiedenen Bildungswege einen Marktwert erhalten.

### Organisation und Strukturen

Die zunehmende Auslagerung der Bildungsangebote geht mit einem Abbau der traditionellen bürokratischen Governance- und systemweiten Rechenschaftsstrukturen einher.

Ein (im Hinblick auf Dauer, Umfang, Kosten usw.) vielfältigeres Angebot an Bildungsgängen gibt den Lernenden die Möglichkeit, ihr Lerntempo selbst zu bestimmen.

### Lehrkräfte

Es entsteht eine größere Vielfalt an Lehrprofilen und Arbeitsregelungen, die sich auf die berufliche Position und den Status auswirkt.

Lernnetzwerke, wie große digitale Lernplattformen, bündeln je nach wahrgenommenem Bedarf verschiedenste Kompetenzen.

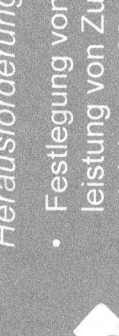

### Governance und Geopolitik

- Größere Abhängigkeit von gesellschaftlicher Selbstorganisation
- Schulsysteme als Akteure in einem umfassenderen (lokalen, nationalen, internationalen) Markt

### Herausforderungen für staatliche Stellen

- Festlegung von Grundregeln, Gewährleistung von Zugang und Qualität, Ausgleich von „Marktversagen"
- Wettbewerb mit anderen Anbietern und Förderung des Informationsflusses

### Kasten 4.3. Nutzung der Szenarien: Auslagerung der Bildungsangebote

*Aktuelle Entwicklungen und Diskussionspunkte*

Gegenwärtig deutet vieles darauf hin, dass dieses Szenario Realität werden könnte. Neue Arbeitsformen, die auf Veränderungen individueller Präferenzen zurückzuführen sind, innovative Geschäftsmodelle und Politikentscheidungen führen dazu, dass vermehrt mit Arbeitsregelungen experimentiert wird. Der Trend zu alternativen Arbeitsformen und kürzeren Arbeitszeiten könnte sich angesichts der fortschreitenden Digitalisierung und der anhaltenden Fokussierung der Gesellschaft auf Lebensqualität in den kommenden Jahren fortsetzen (Skidelsky, 2019[3]).

- Würde Bildung-on-Demand dieselben gesellschaftlichen Grundfunktionen erfüllen, die gegenwärtig dem Schulsystem zufallen? Wie würden sich deutlich flexiblere Regelungen im Bildungsbereich auf die Sozialisation von Kindern auswirken?
- Kürzere Arbeitszeiten könnten bedeuten, dass Erwachsene mehr Zeit haben, sich beim Lernen der Kinder stärker einzubringen. Andererseits könnte dies die Grenzen zwischen Berufs- und Privatleben weiter verwischen und die für Spiel und informelle Interaktionen zur Verfügung stehende Zeit noch weiter verkürzen. Ist es Aufgabe der Bildung, die Lernzeit zu begrenzen? Können Spiele ein Pflichtteil formaler Bildung sein?
- Oft heißt es, dass die Schule eine Vorbereitung auf „das Leben" sein soll. Sollte die formale Bildung also auch freizeitbezogenen Unterricht umfassen, wenn es zu einer Verkürzung der Arbeitszeit kommt? Bliebe ein solcher Unterricht schulpflichtigen Kindern vorbehalten?

Das immer höhere Bildungsniveau der Eltern sorgt bereits heute für einen besseren Zugang zu unterschiedlichen öffentlichen und privaten Ansätzen der Unterrichts- und Lernorganisation. Diese mündigen Akteur*innen könnten die Zügel künftig selbst in die Hand nehmen. Sie könnten dem traditionellen Schulsystem den Rücken kehren und stärker auf kommunitaristische Ansätze der Kindererziehung und auf neuartige Betreuungskonzepte setzen.

- Würden „Lernkonsumenten" die Entwicklung vielfältiger Bildungsprodukte und -dienstleistungen vorantreiben oder sich vielmehr auf einige wenige sozial akzeptierte „gute" Lösungen konzentrieren?
- Könnte das öffentliche Bildungsangebot in diesem Szenario der medizinischen Grundversorgung ähneln (so wie Patient*innen zum praktischen Arzt gehen, gehen Schüler*innen für „ernstere" Interventionen zur Schule)? Wäre eine Lernbegleitung durch Fachkräfte das Privileg einiger weniger?
- Wie würde sich eine Abkehr wohlhabenderer Familien vom öffentlichen Schulsystem auf die zur Finanzierung öffentlicher Schulen zur Verfügung stehenden Mittel auswirken? Könnten begünstigte Akteure beispielsweise verpflichtet werden, Schulen in ärmeren Gegenden direkt zu unterstützen? Wäre es sinnvoll, (schulbasierte und sonstige) kommunitaristische Ansätze in weniger wohlhabenden Gegenden zu fördern?

In diesem Szenario erhält man durch das Berühren eines Bildschirms Zugang zu Informationen. Das bedeutet, dass Unterricht und Lernen auch ohne qualifizierte Lehrkräfte möglich sind. Lernen erfolgt nicht mehr zwangsläufig im Klassenzimmer, es durchzieht den gesamten Lebensverlauf und Lebensalltag der Menschen.

- Werden aufgrund des uneingeschränkten Informationszugangs keine qualifizierten Lehrkräfte mehr erforderlich sein? Und wenn doch, welche Aspekte des Unterrichts würden fortbestehen? Werden diese Aspekte in der aktuellen Lehrkräftepolitik gebührend berücksichtigt?
- Würden die Bedürfnisse bestimmter Schüler*innen in dynamischen Bildungsmärkten vernachlässigt werden (z. B. jene von Schüler*innen aus besonders ungünstigen sozioökonomischen Verhältnissen oder Schüler*innen, deren Eltern nicht für ihre Interessen eintreten)? Inwieweit würde dieses Szenario Initiativen zur Förderung des Lernens und des Arbeitsmarktzugangs von Schüler*innen mit sonderpädagogischem Bedarf ermöglichen? Was würde dafürsprechen, was dagegen?
- Ein größeres Angebot an Lernmöglichkeiten bedeutet nicht zwangsläufig, dass auch der Zugang dazu gewährleistet ist oder dass sie tatsächlich genutzt werden. Sollte lebenslanges Lernen in irgendeiner Form Pflicht sein, z. B. in Form einer Zivildienstpflicht? Wenn ja, käme eine Beschränkung dieser Dienstpflicht auf junge Erwachsene einer Diskriminierung gleich?

## Szenario 3: Schulen als Bildungshubs

> Schulen bleiben bestehen, Vielfalt und Experimentieren sind jedoch die Norm. Die Öffnung der Schulen nach außen ermöglicht enge Kontakte mit der lokalen Bevölkerung und fördert eine kontinuierliche Weiterentwicklung der Lernformen, zivilgesellschaftliches Engagement und soziale Innovation.

Leistungsstarke **Schulen behalten** in diesem Szenario **die meisten ihrer Funktionen**. Hierzu zählen u. a. Kinderbetreuung und Aktivitäten, die das Leben junger Menschen strukturieren und ihre kognitive, soziale und emotionale Entwicklung fördern. **Vielfältigere und besser entwickelte Formen der Anerkennung beruflicher Kompetenzen** verringern aber den Druck, der durch ihre Funktion als Organe der Kompetenzbescheinigung auf den Bildungssystemen und Schulen lastet. Dadurch könnte sich auch der aktuelle Trend zu einem längeren Schulbesuch umkehren.

Internationale Sensibilisierung und der Austausch mit anderen Ländern spielen in diesem Szenario eine wichtige Rolle, die Machtverhältnisse verschieben sich jedoch zugunsten der dezentralen Elemente im System. **Lokale Akteure entwickeln eigene Initiativen, um die Ziele zu erreichen, die sie als wichtig erachten.** Schulen gelten als leistungsstark, wenn sie enge Kontakte zur lokalen Bevölkerung und zu anderen Strukturen vor Ort aufbauen. Dies bedeutet, dass die **Bildungssysteme nicht mehr homogen sind**. Auf Schulen mit erwiesenermaßen unzureichenden Ergebnissen wird aber trotzdem erheblicher Druck ausgeübt, Verbesserungsmaßnahmen zu ergreifen. Die Kriterien zur Beurteilung der Schulen sind von Gemeinde zu Gemeinde unterschiedlich. Bei Entscheidungen von großer Tragweite, wie etwa Schulschließungen, muss u. U. ein Grundkonsens zwischen verschiedenen lokalen Akteuren erzielt werden. Die Initiativen der Kommunen werden durch – lokale, nationale bzw. internationale – rechtliche und strategische Rahmenkonzepte, gezielte prädistributive Investitionen und fachliche Hilfsangebote unterstützt, denen insbesondere in Gemeinden mit einer schwächeren sozialen Infrastruktur eine Schlüsselrolle zukommt.

Das Bildungsangebot ist breit gefächert und zeichnet sich durch Vielfalt und Experimentierfreudigkeit aus. Ein Gesamtkonzept, das auf Zusammenarbeit, Selbstevaluierung und horizontaler Rechenschaftslegung basiert, stärkt personalisierte Bildungswege. Auf Methoden zur Aufteilung der Schüler über Noten oder verschiedene Schultypen wird verzichtet. Die **Unterrichts- und Lernorganisation wird flexibel gestaltet und laufend geändert**. Eine Vielzahl von Lernmöglichkeiten wird anerkannt, sodass die Trennlinie zwischen formaler und nichtformaler Bildung verschwimmt. Lernen ist dabei ein kontinuierlicher Prozess unter Anleitung pädagogischer Fachkräfte, der sich auf den ganzen Tag erstreckt, aber nicht zwangsläufig in Klassenzimmer oder Schule stattfindet.

Die Aktivitäten der Schulen werden im Rahmen einer umfassenden, außerschulischen Bildungsplanung abgesteckt und konzipiert. Das Ergebnis sind flexible Strukturen (physische Infrastruktur, Zeitplanung) für vielfältige, digital gestützte Lernaktivitäten. Schulen sind dabei gewissermaßen das Kernstück umfassender, dynamischer lokaler Bildungsökosysteme, in denen die Lernmöglichkeiten in miteinander vernetzten Bildungsräumen verortet sind. So **können verschiedenste individuelle und institutionelle Akteure eine Vielzahl von Kompetenzen und Fachkenntnissen einbringen, um den Lernprozess der Schüler\*innen zu fördern**.

Lernen basiert dabei nicht auf homogenen und rigiden Lehrplänen, sondern auf Lerngelegenheiten – sogenannten *teachable moments* –, die sich aus kollektiven sowie lernerspezifischen Bedürfnissen und Entwicklungen vor Ort ergeben. Die **Lehrkräfte** genießen als hochqualifizierte Fachkräfte, die ständig neue Lernaktivitäten entwickeln, großes Vertrauen. Es ist von entscheidender Bedeutung, dass sie über **umfassendes pädagogisches Fachwissen und enge Kontakte zu verschiedenen Netzwerken** verfügen. Dreh- und Angelpunkt dieses Szenarios ist daher eine starke Fokussierung auf die Erstausbildung und Weiterbildung von Lehrkräften, die jedoch in einem flexibleren und kollegialeren Rahmen erfolgen kann, als dies heute der Fall ist.

Zugleich zeigen sich die **Schulen** aber auch **offen für eine Lehrtätigkeit von Expert\*innen aus anderen Fachbereichen**. Ein umfassendes Engagement anderer Fachkräfte, von lokalen Akteuren, Eltern usw. wird begrüßt und sogar erwartet. Auch starke Partnerschaften sind erwünscht, da sich die Schulen um Ressourcen von anderen Einrichtungen wie z. B. Museen, Bibliotheken, Betreuungseinrichtungen und Technologiehubs bemühen.

## Infografik 4.4. Szenario 3: Schulen als Bildungshubs

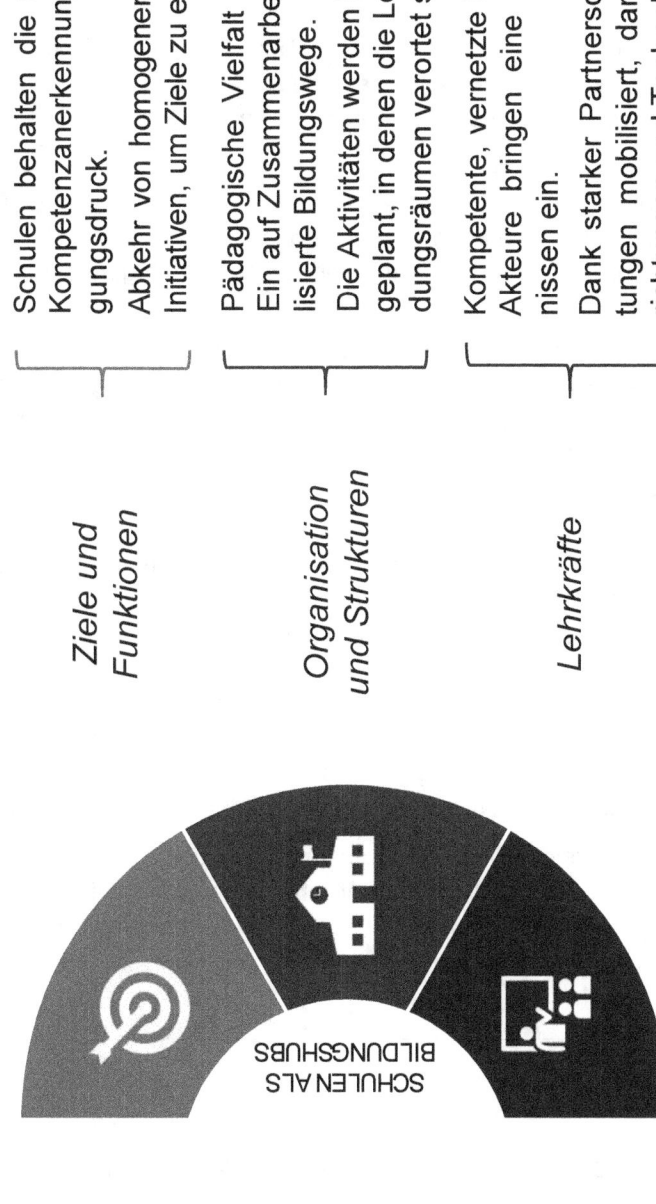

**Ziele und Funktionen**
- Schulen behalten die meisten ihrer Funktionen, neue Formen der Kompetenzanerkennung verringern aber den Kompetenzbescheinigungsdruck.
- Abkehr von homogenen Systemen: Lokale Akteure entwickeln eigene Initiativen, um Ziele zu erreichen, die sie als wichtig erachten.

**Organisation und Strukturen**
- Pädagogische Vielfalt und Experimentierfreudigkeit sind die Norm. Ein auf Zusammenarbeit basierendes Gesamtkonzept stärkt personalisierte Bildungswege.
- Die Aktivitäten werden im Rahmen umfassender Bildungsökosysteme geplant, in denen die Lernmöglichkeiten in miteinander vernetzten Bildungsräumen verortet sind.

**Lehrkräfte**
- Kompetente, vernetzte Lehrkräfte und individuelle sowie institutionelle Akteure bringen eine Vielzahl von Kompetenzen und Fachkenntnissen ein.
- Dank starker Partnerschaften werden Ressourcen anderer Einrichtungen mobilisiert, darunter Museen, Bibliotheken, Betreuungseinrichtungen und Technologiehubs.

*Governance und Geopolitik*
- Starke Fokussierung auf lokale Entscheidungen
- Selbstorganisierende Einheiten im Rahmen verschiedener Partnerschaften

*Herausforderungen für staatliche Stellen*
- Interessenvielfalt und Dynamik der Machtverhältnisse. Spannungsverhältnis zwischen lokalen und systemischen Zielen
- Große Diskrepanzen bei den lokalen Kapazitäten

## Kasten 4.4. Nutzung der Szenarien: Schulen als Bildungshubs

*Aktuelle Entwicklungen und Diskussionspunkte*

Formale Qualifikationen (z. B. Abschlusszeugnisse, akademische Grade) verlieren als Kompetenzbescheinigungen zunehmend an Bedeutung. Einige internationale Konzerne stellen bereits Bewerber*innen ein, die zwar einschlägige Erfahrungen und Kompetenzen, aber keinen höheren Bildungsabschluss mitbringen (Milord, 2019[4]).

- Wie wahrscheinlich ist es, dass es in Ihrem Bildungssystem in 15-20 Jahren keine Abschlusszeugnisse usw. mehr gibt? Im Hochschulsektor? In der Sekundarstufe? In der Grundschule?
- Würde es die Schulen entlasten, wenn ihnen die Aufteilungs- und Kompetenzbescheinigungsfunktion abgenommen würde und sie die Schüler*innen nicht mehr damit auf den Arbeitsmarkt vorbereiten müssten? Oder könnte es der Anfang vom Ende des Schulsystems sein, wenn andere Lernmöglichkeiten denselben (oder sogar einen höheren) Stellenwert hätten?
- Führt eine Differenzierung zwischen Kompetenzen und formalen Qualifikationen zu flexibleren Bildungsangeboten? Könnte die Unterscheidung zwischen Allgemein- und Berufsbildung entfallen, wenn die Bildungswege der Schüler*innen vermehrt Elemente von beidem enthalten?

Die wachsende Polarisierung und Fragmentierung der Gesellschaft geht mit Forderungen einher, Brücken zu bauen und den Zusammenhalt auf lokaler Ebene zu stärken. Der Aufbau engerer Kontakte zwischen den Schulen und ihrem Umfeld soll daher sowohl den Lernprozess verbessern als auch das Sozialkapital stärken.

- Welche Formen der Zusammenarbeit würden in (lokalen bzw. globalen) Bildungsökosystemen entstehen? In welcher Weise könnten andere Akteure dazu beitragen? Würde man Lehrkräfte in Gemeinden entsenden, in denen es keine anderen Erwachsenen gibt, die sich engagieren wollen oder können?
- Inwieweit können formale Bildung und informelles Lernen zur Verringerung von Vereinsamung und sozialer Isolation beitragen? Sollten sich Schulen aktiver für einen generationenübergreifenden Austausch einsetzen, um den sozialen Zusammenhalt zu stärken? Wären (die in kleinen Schulen im ländlichen Raum üblichen) jahrgangsübergreifenden Klassen in einer Zukunft mit Schulen als Bildungshubs weiter verbreitet? Könnten diese Klassen auch von älteren Lernenden besucht werden?
- Im OECD-Raum gibt es verschiedene Arten von Mentoring-Programmen für junge Menschen, wie z. B. Big Brothers Big Sisters. Könnten sie als Vorbild für verschiedene neue institutionalisierte Beziehungen zwischen bzw. innerhalb von Schulen und Gemeinden dienen?

Es gibt seit Langem Bemühungen, die Dynamik und die Beziehungen im Schulsystem zu verändern. Dies belegen zahlreiche Beispiele für ein stärker zweckorientiertes, horizontales, kollaboratives und iteratives Lehren und Lernen (z. B. Service-Learning, Citizen-Science bzw. Bürgerwissenschaft sowie in jüngerer Zeit die aus dem Hightech-Bereich stammenden agilen Methoden (Loewus, 2017[5]).

- In diesem Szenario wird unterstellt, dass die Transformation der Systeme so weit vorangeschritten ist, dass auf herkömmliche Governance-Mechanismen wie vertikale (Klassenwiederholung) und horizontale (frühe Aufteilung auf verschiedene Schulformen, Einteilung in Leistungsgruppen) Stratifizierung verzichtet werden kann. Erscheint dies in Ihrem Bildungssystem realistisch?

- Situiertes Lernen kann bei Lerngelegenheiten bzw. *teachable moments* ansetzen und das Lernen im Hier und Jetzt verankern. Doch auch „nichtsituiertes" Lernen bietet wertvolle Lernmöglichkeiten in und außerhalb der Schule (z. B. bei TED-Talks). Wie kann ein ausgewogenes Verhältnis zwischen „Unterricht" und „Erkundung" gewährleistet werden?
- Was bedeutet dies im Hinblick auf den Bedarf an hochqualifizierten Lehrkräften und die Lehrerausbildung? Könnten die Lehrkräfte die treibende Kraft des Wandels in einem als konservativ und bürokratisch erachteten System sein? Und wenn nicht sie, was oder wer dann?

## Szenario 4: Kontinuierliches Lernen

> Bildung findet immer und überall statt. Die Gesellschaft setzt voll auf das Potenzial von Maschinen und die Grenzen zwischen formalem und informellem Lernen sind aufgehoben.

Dieses Szenario setzt bei den raschen Fortschritten an, die bei künstlicher Intelligenz, virtueller bzw. erweiterter Realität und dem Internet der Dinge erzielt werden. Die durch den Ausbau der digitalen Infrastruktur und riesige Datenmengen angetriebene umfassende Vernetzung hat unser Verständnis von Bildung und Lernen grundlegend verändert. Allgemein verfügbare kostenlose Lernmöglichkeiten läuten das **Ende der etablierten Lehrplanstrukturen und des Schulsystems** ein.

Die Digitalisierung ermöglicht eine eingehende und praktisch unmittelbare Überprüfung und Zertifizierung von Kenntnissen, Kompetenzen und Einstellungen, wodurch **sich die Mittlerrolle vertrauenswürdiger Dritter** (z. B. Bildungseinrichtungen, private Anbieter) **bei der Zertifizierung erübrigt**. Da sich die Grenzen zwischen formalem und informellem Lernen auflösen, werden umfangreiche öffentliche Ressourcen, die bislang für die umfassende schulische Infrastruktur bestimmt waren, frei und können für andere Zwecke bzw. andere Formen von Bildung verwendet werden.

Dieses Szenario entwirft eine Welt, in der alle Lernmöglichkeiten „legitim" sind. **Menschen lernen, indem sie die kollektive Intelligenz nutzen, um reale Probleme zu lösen.** Persönliche KI-Assistenten, die mit ihrem Umfeld sowie untereinander vernetzt sind, um ihre Informationssysteme mit Daten füttern und personalisierte Lernmöglichkeiten anbieten zu können, begleiten die Menschen das ganze Leben. Sie setzen bei der Neugier und bei den Bedürfnissen der Menschen an, zeigen Wissens- und Kompetenzlücken auf, fördern Kreativität und Selbstverwirklichung und vernetzen die Lernenden in Zweckgemeinschaften. Der Zugang zu Bildung und die Zusammenarbeit mit anderen werden nicht mehr durch Sprachbarrieren beeinträchtigt, da in Echtzeit automatisch genaue Übersetzungen erstellt werden.

**Die Grenzen zwischen Bildung, Arbeit und Freizeit verschwimmen zunehmend.** Unternehmen nutzen bei Einstellungsverfahren KI-Anwendungen und die verfügbaren Arbeitskräfte erhalten durch KI-Anwendungen Informationen über und Zugang zu Beschäftigungsmöglichkeiten. Außerdem können sie sich mit solchen Anwendungen parallel zu ihrer Erwerbstätigkeit weiterbilden. Teile der Infrastruktur des alten Schulsystems könnten fortbestehen, dabei allerdings vielfältigere Funktionen erfüllen. Es gibt keine verbindlichen Vorschriften, zumindest nicht in Bezug auf Präsenz und fixe Stundenpläne. Kinder können Lernorte spontan aufsuchen. Dies gilt auch für offene, private, digitale oder Face-to-Face-Lerngemeinschaften.

Durch die Abschaffung der traditionellen Schule werden möglicherweise, ähnlich wie in Szenario 2, alternative „Kinderbetreuungsangebote" erforderlich. In diesem Szenario können dank Digitalisierung und „intelligenten" Infrastrukturen sichere öffentliche und private Räume geschaffen werden, die vielfältige Lernerfahrungen ermöglichen. So können auf Überwachungssystemen aufbauende, digital vernetzte interaktive

Infrastrukturen, wie z. B. intelligente Spielplätze, die Betreuung von Kindern übernehmen, Lernaktivitäten anbieten und Verhaltensweisen fördern, um bestimmte Ziele zu erreichen (z. B. gesunder Lebensstil).

Es ist schwierig, die **Rolle des Staates angesichts der privaten Interessen im Markt und in der Zivilgesellschaft** vorherzusehen. Globale digitale Unternehmen könnten – z. B. im Hinblick auf den Betrieb von Lernsystemen und neue Mensch-Maschine-Schnittstellen – eine Schlüsselrolle spielen; es könnte aber auch sein, dass sie mit verschiedenartigen gemeinnützigen Bottom-up-Initiativen koexistieren. Diese Entwicklungen könnten – müssen aber nicht zwangsläufig – in robusten Regulierungsrahmen verankert sein, die z. B. die Transparenz und ethischen Standards von Algorithmen gewährleisten, oder aber im Rahmen von Plattformen, die von lokalen, nationalen oder internationalen Behörden gefördert oder betrieben werden. Die diesbezüglichen Diskussionen werden maßgeblich von den weiteren Entwicklungen im Hinblick auf Dateneigentum, Demokratie und Bürgerbeteiligung abhängen (vgl. Going-Digital-Szenarien der OECD (OECD, 2018[6]).

In dieser Gesellschaft, in der sich immer und überall vielfältige Lernmöglichkeiten bieten und die Menschen zu Prosumenten (professionellen Konsumenten) ihrer eigenen Bildung werden, **haben Lehrkräfte im herkömmlichen Sinne ausgedient.** Gleichzeitig könnten Kurse, Vorträge und verschiedene Formen der Lernbegleitung, die teils von Menschen gestaltet, teils maschinell entwickelt werden, sowohl off- als auch online gang und gäbe sein.

## Infografik 4.5. Szenario 4: Kontinuierliches Lernen

### Ziele und Funktionen

- Die Digitalisierung ermöglicht eine eingehende und fast sofortige Überprüfung und Zertifizierung von Kenntnissen, Kompetenzen und Einstellungen.
- Allgemein verfügbare kostenlose Lernmöglichkeiten läuten das Ende der etablierten Lehrplanstrukturen und des Schulsystems ein.

### Organisation und Strukturen

- Bei der Bildung wird auf digitale Technologien und künstliche Intelligenz gesetzt, um die kollektive Intelligenz zu nutzen und reale Probleme zu lösen.
- Das Schulsystem wird abgeschafft und die bestehende Infrastruktur auf andere Art und Weise genutzt. Die Grenzen zwischen Bildung, Arbeit und Freizeit verschwimmen.

### Lehrkräfte

- Es ist schwierig, sich die Rolle des Staates angesichts der Märkte und der Zivilgesellschaft vorzustellen. Dateneigentum und die damit verbundenen geopolitischen Implikationen spielen eine entscheidende Rolle.
- Lehrkräfte im herkömmlichen Sinne haben ausgedient und die Menschen werden zu „Prosumenten" (professionellen Konsumenten) ihrer Bildung.

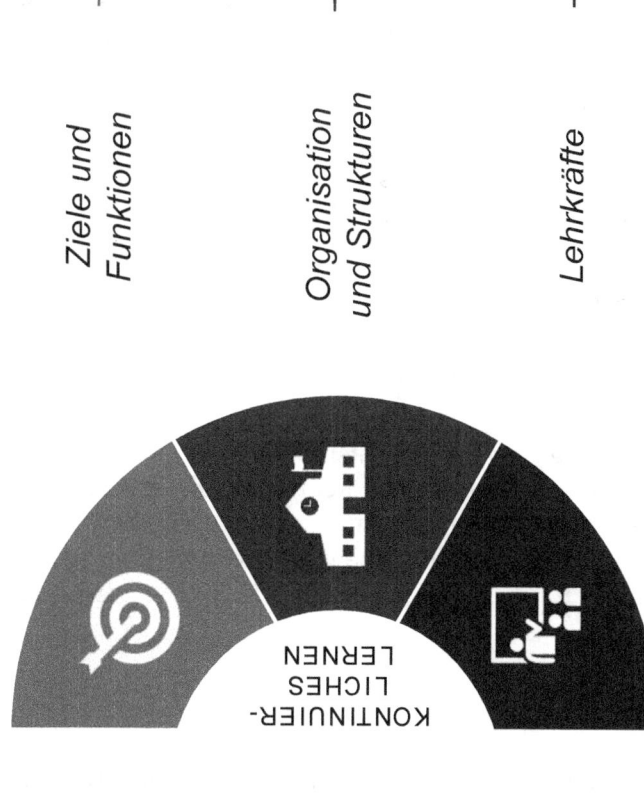

### Governance und Geopolitik

- Deinstitutionalisierung der öffentlichen Bildung und Abschaffung des Schulsystems
- (Globale) Daten-Governance und digitale Technologien als mögliche Schlüsselfaktoren

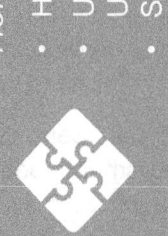

### Herausforderungen für staatliche Stellen

- Hohes Risiko gesellschaftlicher Fragmentierung
- Umfassende Interventionsmöglichkeiten (Staat, Unternehmen) in allen Lebensbereichen
- Spannungsverhältnis zwischen demokratischer Kontrolle und Schutz individueller Rechte

### Kasten 4.5. Nutzung der Szenarien: Kontinuierliches Lernen

*Aktuelle Entwicklungen und Diskussionspunkte*

Digitalisierung und künstliche Intelligenz stehen gegenwärtig im Fokus des Interesses, was mit beträchtlichen Investitionen einhergeht. Mit zunehmender Verbreitung des maschinellen Lernens wächst auch der Wunsch, vom Hightech-Sektor selbst zu lernen (Williamson, 2016[7]). All diese Entwicklungen deuten darauf hin, dass Szenario 4 Realität werden könnte.

- Ist es in Anbetracht der zunehmenden Verbreitung von künstlicher Intelligenz, Big Data und komplexen Suchalgorithmen überhaupt noch nötig, Faktenwissen zu lernen? Welche Folgen hätte es, wenn dies nicht mehr geschehen würde?
- Wer prüft die Algorithmen? Können wir uns vorstellen, dass die Prüfung von Algorithmen zu einer allgemeinen Bürgerpflicht wird, vergleichbar mit der Pflicht, bei Prozessen als Geschworene*r zu dienen? Oder könnte die Prüfung bereits in den Entwicklungsprozess integriert werden, sodass für eine „integrierte Gerechtigkeit" gesorgt wäre?
- Könnten sich Schülerdaten zu einer neuen Einnahmequelle von Schulsystemen entwickeln, wenn der Schutz der Privatsphäre bei einer massiven Erhebung von Schülerdaten gewährleistet werden könnte? Würden sie High-Tech-Risikokapital anziehen, sodass „intelligente" Maschinen mit den Daten gefüttert werden könnten?

Es gibt bereits Beispiele für Lernen und Kompetenzerwerb außerhalb des formalen Bildungssystems, z. B. Programmier-Bootcamps. Ein weiteres Beispiel ist „Unschooling" bzw. Freilernen, das noch einen Schritt weiter geht als Hausunterricht, insofern Kinder dabei selbst entscheiden, was und wann sie lernen möchten.

- Was spricht für und was gegen einen einheitlichen Lehrplan? Haben Lernende ohne formale Lehrpläne mehr Freiheit und Autonomie? Welche Auswirkungen hätte dies auf kollektive Werte und soziale Gepflogenheiten bzw. auf gemeinsame Wissens- und Verständnisbereiche?
- Da starke externe Motivatoren – wie die Schulpflicht, der schulische Disziplinarrahmen und das Lob von Lehrkräften – fehlen, müssen in diesem Szenario u. U. andere Wege gefunden werden, um die Lernenden zu motivieren. Wären Unterhaltungsplattformen mit integrierter Lernfunktion eine Möglichkeit? Oder eine Verknüpfung von Qualifizierungsprogrammen mit sozialen Ansprüchen? Gäbe es andere Möglichkeiten?
- Lehrkräfte geben regelmäßig an, dass sie kollaborative Weiterbildungen, die bei ihrem Berufsalltag ansetzen, bevorzugen. Könnten „Bootcamps für Lehrkräfte" (bei denen in erster Linie praxis- und interaktionsbasiert gelernt wird) die Zukunft der Weiterbildung sein? Würden sich solche Bootcamps deutlich von den Gepflogenheiten in anderen Berufen unterscheiden?

Ein weiterer Aspekt, der darauf hindeutet, dass dieses Szenario Realität werden könnte, ist die zunehmende Nutzung von Technologien für unsere Lebensgestaltung (und unseren Körper). Digitale Assistenten, intelligentes Spielzeug und tragbare Geräte haben unseren Umgang mit Lernen und Technologien im Alltag verändert.

- Gibt es in diesem Szenario einen wirksamen „versteckten Lehrplan", wenn eine Maschine für unsere Bildung zuständig ist? Kommt es zu einer „Kolonialisierung" der Sozialisationsprozesse, die derzeit von der Schule, aber auch von der Familie, dem sozialen Umfeld, Gleichaltrigen und den Medien geprägt werden (durch Staat, Unternehmen oder andere Gruppen)?

- Wie würde sich ein stärker personalisiertes technologiegestütztes Lernen auf das Erleben der Schüler*innen auswirken? Sind „Personalisierung" und „Individualisierung" des Lernens dasselbe? Wie schneidet eine technologiegesteuerte Personalisierung im Vergleich zu traditionelleren Formen der Personalisierung ab, die von Lehrkräften gesteuert werden?
- Inwieweit passen sich die heute verfügbaren „personalisierten" Lerntechnologien tatsächlich an die einzelnen Schüler*innen an und ermöglichen nicht bloß eine mehr oder weniger flexible Steuerung der Inhalte? Theoretisch bieten digitale Technologien eine schier unendliche Auswahl (z. B. an Musik, Filmen, Büchern usw.). Die den personalisierten Empfehlungen zugrunde liegenden Algorithmen sorgen jedoch dafür, dass den Menschen lediglich eine bestimmte Teilauswahl vorgeschlagen wird. Könnte dies auch bei Lerninhalten und pädagogischen Ansätzen geschehen?

## Literaturverzeichnis

Loewus, L. (2017), "Schools Take a Page From Silicon Valley With 'Scrum' Approach", *Education Week*, 1. November, https://www.edweek.org/ew/articles/2017/11/01/schools-take-a-page-from-silicon-valley.html (Abruf: 6. Mai 2020). [5]

Milord, J. (2019), "No degree? No problem. Here are the jobs at Top Companies you can land without one", LinkedIn, 8. April, https://www.linkedin.com/pulse/degree-problem-you-can-still-land-jobs-top-companies-joseph-milord/ (Abruf: 4. Mai 2020). [4]

OECD (2019), *Bildung, Trends, Zukunft 2019*, OECD Publishing, Paris, https://doi.org/10.1787/738db6c1-de. [2]

OECD (2018), *Going digital in a multilateral world*, OECD, Paris, https://www.oecd.org/going-digital/C-MIN-2018-6-EN.pdf. [6]

OECD (2001), *What Schools for the Future?*, Schooling for Tomorrow, OECD Publishing, Paris, https://dx.doi.org/10.1787/9789264195004-en. [1]

Skidelsky, R. (2019), *How to achieve shorter working hours*, Progressive Economy Forum, London, https://progressiveeconomyforum.com/wp-content/uploads/2019/08/PEF_Skidelsky_How_to_achieve_shorter_working_hours.pdf. [3]

Williamson, B. (2016), "Silicon startup schools: technocracy, algorithmic imaginaries and venture philanthropy in corporate education reform", *Critical Studies in Education*, Vol. 59/2, S. 218-236, http://dx.doi.org/10.1080/17508487.2016.1186710. [7]

# 5 Zurück aus der Zukunft: Ergebnisse, Implikationen und Spannungsfelder

Es kann schwierig sein, sich eine Zukunft vorzustellen, in der sich die gegenwärtigen Massenschulsysteme grundlegend verändert haben oder völlig abgeschafft wurden. Unsere Schulsysteme sind in der Gesellschaft und ihren Lebens-, Denk- und Sichtweisen verwurzelt. In diesem letzten Kapitel rücken die wichtigsten Elemente sowie mögliche Ergebnisse und Auswirkungen der vier OECD-Szenarien zur Zukunft von Schule und Bildung in den Fokus. Außerdem werden sieben Spannungsfelder beschrieben, die es bei der Nutzung dieser Szenarien zu berücksichtigen gilt. Ziel des Kapitels ist es, entscheidende Herausforderungen aufzuzeigen, bei denen weitere Diskussionen lohnend sein können.

## Einleitung

Die Schulsysteme der OECD-Länder weisen heute eine Vielzahl von Beschäftigten auf und setzen riesige Geldbeträge ein, um die Bildung und Betreuung von Millionen von Schüler*innen zu gewährleisten. Die Institution Schule ist trotz der vielfältigen wirtschaftlichen, technologischen und gesellschaftlichen Veränderungen der letzten Jahrzehnte nach wie vor das dominierende Modell, wenn es um die Bildung junger Menschen geht, auch wenn sich die Schulen und Schulsysteme in den einzelnen OECD-Ländern voneinander unterscheiden.

Angesichts der Allgegenwart dieses Modells ist es u. U. schwierig, sich eine Zukunft vorzustellen, in der sich die gegenwärtigen Massenschulsysteme grundlegend verändert haben oder ganz abgeschafft wurden. Unsere Schulsysteme sind in der Gesellschaft und ihren Lebens-, Denk- und Sichtweisen verwurzelt. Die Nutzung der Szenarien erfordert also möglicherweise radikale Denkansätze und Ideen. Die Tatsache, dass es in der Vergangenheit andere Formen der Bildungsorganisation gab, und die zunehmende Komplexität und Unvorhersehbarkeit der Welt, in der wir leben, sprechen jedoch dafür, solche Anstrengungen zu unternehmen. Dabei geht es nicht nur darum, über mögliche künftige Entwicklungen der uns bekannten Systeme nachzudenken. Wir müssen uns auch die Frage stellen, wie wir in allen Lebensbereichen ein lebenslanges Lernen sicherstellen können.

Szenarien können helfen, die wichtigsten Entwicklungsrichtungen und langfristige strategische Optionen für die Bildung aufzuzeigen, indem sie die damit verbundenen Politikfragen in den Fokus rücken. Dieses letzte Kapitel beschäftigt sich mit den wichtigsten Dimensionen und Implikationen der Szenarien und beschreibt Spannungsfelder und Widersprüche, die es bei Reflexionen über die Zukunft der schulischen Bildung zu berücksichtigen gilt. Es soll Leser*innen dazu bringen, sich mit den Aspekten zu befassen, die die größten Herausforderungen darstellen und in denen weitere Diskussionen lohnend sein können.

## Kontinuität und Umbruch: Dimensionen und Implikationen der Szenarien

Die Schulen konnten sich zu den uns bekannten umfassenden institutionellen Systemen entwickeln, weil sie mehrere wichtige gesellschaftliche Ziele und Funktionen erfüllen – angefangen vom Lehren und Lernen bis hin zur Kinderbetreuung. Die zentrale Bedeutung, die den Schulen im gesellschaftlichen Alltag zukommt, ist der beste Beleg für den Erfolg dieser Systeme. Dementsprechend schwierig ist es, sich eine Zukunft vorzustellen, in der diese Ziele und Funktionen der Schule auf andere Art und Weise gewährleistet werden.

Die Szenarien in diesem Bericht machen jedoch deutlich, dass Entwicklungen im Bildungsbereich selbst sowie auf staatlicher und gesellschaftlicher Ebene – mit mehr oder weniger großer Wahrscheinlichkeit – andere Strukturen zur Erfüllung gesellschaftlicher Bedürfnisse mit sich bringen könnten. Der Wert, der der schulischen Bildung und den Schulen beigemessen wird, beruht letztlich auf kontinuierlichen subjektiven (moralischen, politischen, instrumentellen und ästhetischen) Bewertungen. Das bedeutet, dass er sich vor dem Hintergrund anderer Rahmenbedingungen auch verändern kann (Meynhardt, 2009[1]).

Wenn man die für das gegenwärtige Bildungssystem charakteristischen Dimensionen erfasst, kann man systematisch untersuchen, wie sie in alternativen Zukunftsentwürfen verändert und kombiniert werden könnten. Dieser Abschnitt beschäftigt sich mit den Dimensionen Bildungsorganisation und -strukturen, Lehrkräfte und Governance-Prozesse.

### *Wie sieht die Zukunft von Schule und Bildung aus?*

Selwyn (2011[2]) erläutert die unterschiedliche Bedeutung der Begriffe *Schule* und *schulische Bildung*. *Schule* bezeichnet die Institution, in der Schüler*innen lernen und Lehrkräfte unterrichten, während sich *schulische Bildung* auf die Lern- oder Unterrichtsprozesse in der Schule bezieht. Die Institution Schule steht sowohl für die physischen als auch für die kulturellen Strukturen, die sich aus den verschiedenen Rollen und Regeln ergeben. Hierzu zählen z. B. die Personalhierarchien in der Schule, die Wissenshierarchien im Lehrplan und die zeitliche Organisation in Form des Stundenplans (Selwyn, 2011[2]). Schulische Bildung wiederum umfasst sowohl klar definierte Prozesse, wie Kombinationen verschiedener Lehr- und Lern- sowie Kommunikations- und Entscheidungsprozesse, als auch implizite Prozesse wie Sozialisation, Steuerung und Kontrolle. Stellt man die Kontinuität bzw. Diskontinuität von Schule und Bildung in einer Vierquadrantenmatrix dar, ergeben sich vier Idealtypen (Abbildung 5.1), mit denen die Szenarien analysiert werden können.

**Abbildung 5.1. Wie sieht die Zukunft von Schule und Bildung aus?**

Kontinuität und Diskontinuität der Bildungsstrukturen (Schulen) und -prozesse (Bildung)

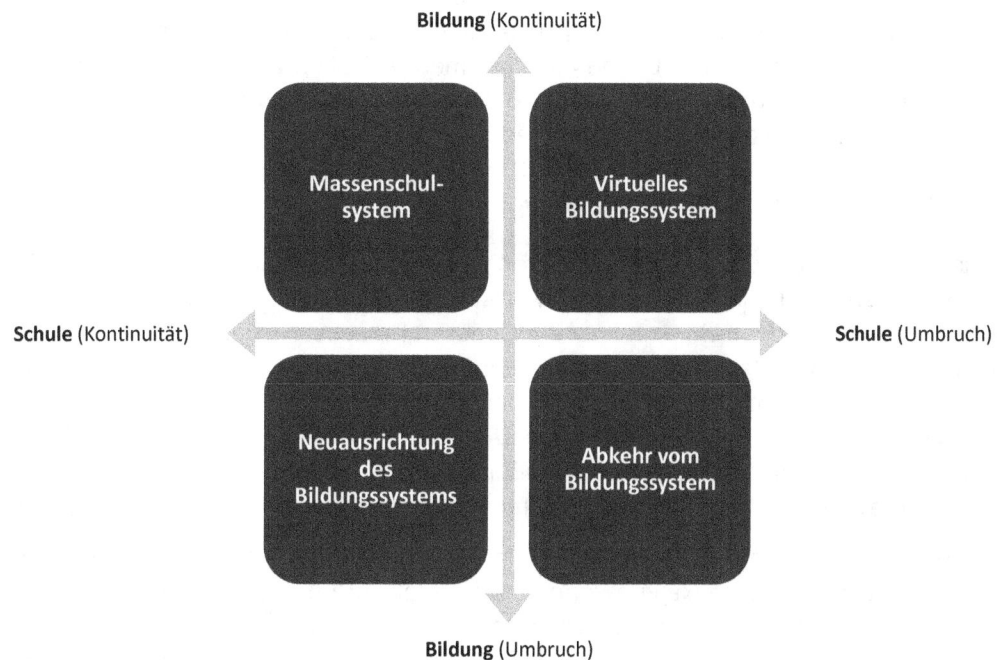

Quelle: Selwyn (2011[2]).

- *Massenschulsystem*: Die Massenschule setzt eine Kontinuität auf Ebene der Bildungsstrukturen und auf Ebene der Bildungsprozesse voraus. Im Zukunftsentwurf nimmt die formale Bildungsbeteiligung weiter zu. Das System wird durch Technologie modernisiert, Lernen und Unterricht bleiben jedoch in vergleichsweise homogenen Strukturen und standardisierten Prozessen verankert. Offen bleibt, ob und inwiefern dieses System über die traditionelle schulische Bildung hinausgehen (und beispielsweise auch die frühkindliche Bildung, Betreuung und Erziehung oder lebenslanges Lernen umfassen) könnte.
- *Virtuelles Bildungssystem*: „Virtuell" meint hier nicht nur digitales Lernen. Im virtuellen Bildungssystem bleiben die Bildungsprozesse erhalten, gelernt und unterrichtet wird nun aber nicht mehr in der Schule, sondern im Rahmen flexibler Beziehungen, die sich durch eine größere Vielfalt (an Lernmöglichkeiten, -zielen usw.) auszeichnen. Diese Transformation des physischen Raums geht allerdings nicht automatisch mit völlig anderen Lehr- und Lernprozessen einher, wenn auf eine Kombination und Mischung weitgehend standardisierter Komponenten und Module zurückgegriffen wird (Leadbeater, 2006[3]). Diese Entwicklung bringt auch nicht zwangsläufig einen Innovationsschub mit sich. Auch die „kundenindividuelle Massenproduktion" privater Unternehmen führte, wie Bentley und Miller erläutern, ironischerweise dazu, dass sich die meisten Kund*innen

angesichts der unzähligen Auswahlmöglichkeiten auf eine begrenzte Auswahl konzentrierten (Bentley, T. und R. Miller, 2006[4]).

- *Neuausrichtung des Bildungssystems*: Die Schule hat Bestand, die Bildungsprozesse verändern sich jedoch grundlegend. Dabei werden möglicherweise immer noch allgemeine Kernkenntnisse und -kompetenzen vermittelt, aber nicht mehr zwangsläufig im Rahmen einheitlicher Prozesse. Auch die traditionellen Rollen und Beziehungen in der Schule verändern sich, so z. B. die Beziehungen der Lehrkräfte untereinander und zwischen Lehrkräften und Schüler*innen. In einer solchen Zukunft könnten verschiedene Bildungsbereiche, wie Berufsbildung, frühkindliche Bildung, Betreuung und Erziehung, formale Hochschulbildung und formales sowie informelles lebenslanges Lernen, fließend ineinander übergehen.
- *Abkehr vom Bildungssystem*: Die Strukturen und Prozesse, auf denen Schule und schulische Bildung beruhen, verändern sich grundlegend. Es wird auf völlig andere Art und Weise gelehrt und gelernt und traditionelle Konzepte wie physische Infrastruktur, Lehrplan und Qualifikationen werden obsolet. Auf institutioneller Ebene wird nicht mehr zwischen verschiedenen Bildungsbereichen (wie Berufsbildung, frühkindliche Bildung, Betreuung und Erziehung, formale Hochschulbildung und formales sowie informelles lebenslanges Lernen) differenziert.

*Nutzung der Szenarien: Schule und Bildung*

Die Szenarien 1 und 2 (vgl. Kapitel 4) extrapolieren bestimmte Elemente des Status quo. Die formale Bildung beruht weiterhin auf einem einheitlichen institutionellen Rahmen – dem Schul- bzw. Bildungssystem, sei es nun virtuell oder nicht – und auf traditionellen Prozessen, wie z. B. einer Fokussierung auf Lehrpläne und einem nationalen bzw. internationalen Benchmarking durch Prüfungen und formale Abschlüsse. In Szenario 2 bleiben die schulischen Strukturen möglicherweise erhalten, es entsteht allerdings eine Kombination aus face-to-face und virtuellen Beziehungen. Das Szenario unterstellt zudem Veränderungen bestimmter Konventionen schulischer Bildung, z. B. eine Neugestaltung der herkömmlichen Stundenpläne und einen Aufbau von Lerneinrichtungen jenseits des hierarchischen Schulsystems.

Szenario 3 sieht ebenfalls eine gewisse institutionelle Diskontinuität vor, da sich die Aktivität dort auf verschiedene virtuelle und physische Räume verteilt, die auf lokaler und/oder internationaler Ebene angesiedelt sein können. Szenario 3 könnte jedoch auch zu einer erweiterten Schule führen, in der neben Unterricht eine Vielzahl von Aktivitäten angeboten wird (wie dies heute häufig bei Hochschulcampussen der Fall ist). Diese Möglichkeit ist auch in Szenario 1 angelegt. Im Gegensatz zu Szenario 1 kommt es in Szenario 3 jedoch zu einer Neuausrichtung der Bildungsprozesse, sodass die traditionellen Kategorien, Bereiche und Stratifizierungsmethoden und das standardisierte Vorgehen in Schulen mehr Raum für Experimente bieten. Dies sorgt für eine strukturelle Vielfalt, die sich u. a. in den Unterrichtsmethoden, den Beziehungen zwischen Lehrkräften und Schüler*innen bzw. zwischen Schulen und der lokalen Bevölkerung sowie in sehr flexiblen Lehrplänen und Gruppierungsstrategien niederschlägt.

Die Szenarien spielen auch die Möglichkeit einer Abkehr vom Bildungssystem durch. In Szenario 2 könnte es dazu kommen, wenn diejenigen, die der traditionellen Schule den Rücken kehren, die virtuellen Bildungsangebote ebenfalls ablehnen, ähnlich wie dies heute bei den Freilerner*innen der Fall ist. Die umfassendste Abkehr vom Bildungssystem sieht Szenario 4 vor. Es unterstellt, dass das Schulsystem vollständig durch moderne Formen der Vernetzung und ein vielfältiges Angebot ersetzt wird.

### Wie sieht die Zukunft von Lehrkräften und Unterricht aus?

Die einzelnen Szenarien haben unterschiedliche Auswirkungen auf Lehrkräfte und Unterricht. Die Alternativen reichen von einem eigenständigen Lehrkörper in bürokratischen Schulsystemen über private Auftragnehmer bis hin zu vernetzten Fachkräften in flexiblen Strukturen. Istance und Mackay (2014[5]) schlagen zwei geeignete Dimensionen zur Beschreibung möglicher Entwicklungen bei den Lehrkräften vor: 1. inwieweit die Lehrkräfte in Schulen tätig sind und 2. inwieweit für den Unterricht auf hochqualifizierte

Lehrkräfte oder eher auf ein breites Spektrum von Berufsprofilen, Laufbahnen und Fachkenntnissen zurückgegriffen wird. Werden diese Dimensionen in einer Vierquadrantenmatrix dargestellt (Abbildung 5.2), ergeben sich vier Idealtypen:

- *Lehrkräfte in Schulsystemen mit Bildungsmonopol*: Die Unterrichts- und Lernorganisation bleibt in erster Linie in der Schule verankert, in der ein eigenständiger Lehrkörper die Hauptrolle spielt. Um unterrichten zu können, muss eine Lehrbefähigung erworben werden. Das pädagogische Personal in Schulen besteht immer noch zum überwiegenden Teil aus qualifizierten Lehrkräften, es können aber auch andere Personen und Fachkräfte in den Schulbetrieb eingebunden werden.
- *Spezialisierte Fachkräfte als Netzwerkknoten in Schulen*: Die Schulen behalten ihre Funktionen, es kommt jedoch eine Vielzahl von Personen und Fachkräften zum Einsatz, darunter Familienangehörige und nicht in der Lehre tätige pädagogische Fachkräfte (z. B. externe Berater*innen) sowie lokale Expert*innen nicht unterrichts- oder lernbezogener Fachbereiche. Ihre Mitwirkung basiert auf unterschiedlichen Regelungen, die von einem ehrenamtlichen Engagement bis hin zu formalen Verträgen reichen, die punktuell oder langfristig sein können.
- *Systeme mit zertifizierten, flexiblen Fachkenntnissen*: Die Unterrichts- und Lernorte werden liberalisiert. Die Unterrichtstätigkeit unterliegt jedoch einer umfassenden behördlichen Kontrolle und setzt eine formale Qualifikation als Lehrkraft voraus. Dabei kann es allerdings verschiedene Möglichkeiten zum Erwerb einer Lehrbefähigung geben, die mehr oder weniger umfassende Investitionen in die Aus- und Weiterbildung erfordern. Berufliche Qualifikation und behördliche Kontrolle zählen zu den wichtigsten Rechenschaftsmaßnahmen. Sie werden direkt von der öffentlichen Verwaltung bzw. von starken Berufsverbänden umgesetzt, die möglicherweise auch eine umfassende Vernetzung von Lehrkräften – in diesem Fall außerhalb des schulischen Kontexts – fördern, um einer beruflichen Isolation vorzubeugen.

**Abbildung 5.2. Wie sieht die Zukunft von Lehrkräften und Unterricht aus?**

Zukunft des Unterrichts in Bezug auf Unterrichtsort und -kraft

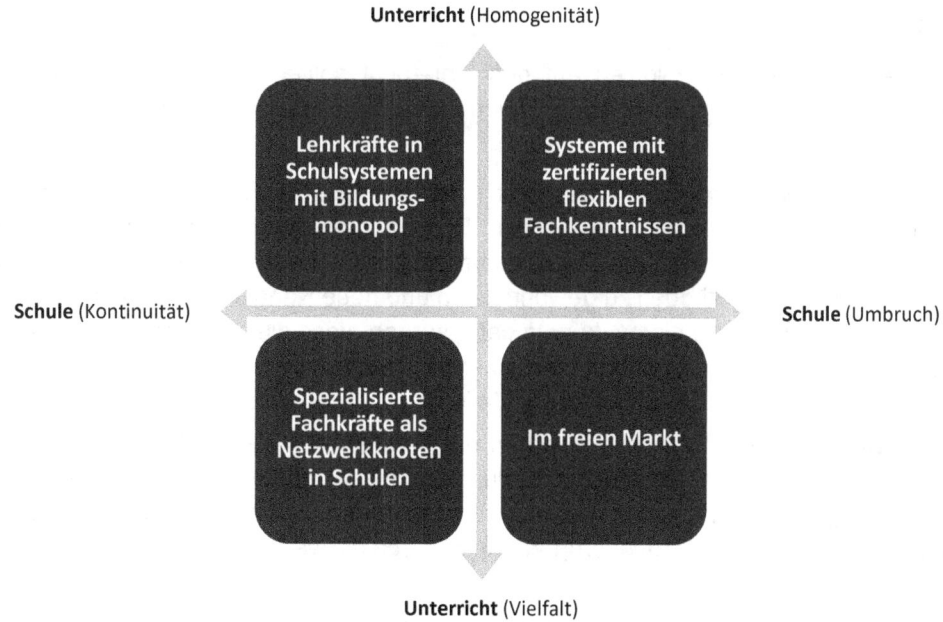

Quelle: Istance, D. und A. Mackay (2014[5]).

- *Im freien Markt:* Hier wird eine Abkehr vom Bildungssystem und eine Abschaffung des Bildungsmonopols unterstellt. Den Unterricht übernimmt eine Vielzahl von Anbietern und Auftragnehmern. Dies könnte nach dem Laissez-faire-Prinzip ohne formale Qualifikationsauflagen geschehen. Es könnte aber auch in einem Rahmen erfolgen, der vielfältige Unterrichts- und Lernmethoden bzw. -mittel ermöglicht, aber weiterhin eine Reihe von Tests und Qualifikationen vorsieht, die für eine Qualitätskontrolle sorgen und im Bildungsmarkt als Maßstab dienen.

*Nutzung der Szenarien: Lehrkräfte und Unterricht*

Die vier OECD-Szenarien entsprechen nicht genau den oben beschriebenen Idealtypen. Dies ist insofern angemessen, als es diese Optionen in der gegenwärtigen Bildungslandschaft bereits gibt. Der Unterricht an den Schulen wird zwar nach wie vor hauptsächlich von einem eigenständigen Lehrkörper erteilt, es entstehen aber auch immer mehr neue Lernmöglichkeiten. Durch den explosionsartigen Anstieg von Lernmöglichkeiten mit einer Vielzahl von Akteur*innen und Lernorten verlieren die formalen Bildungseinrichtungen ihre Funktion als Gatekeeper des Wissens. In Szenario 1 spiegelt sich dies in engeren Beziehungen mit Anbietern digitaler Lernprogramme außerhalb der Schule wider. Szenario 3 geht einen Schritt weiter und unterstellt eine wesentlich umfassendere und flexiblere Diversifizierung des Unterrichtsangebots, vergleichbar mit dem Konzept der als Netzwerkknoten agierenden Fachkräfte. So gesehen ist Szenario 3 eine Extrapolation von Schulen, die schon jetzt systematisch auf Lernressourcen und Expert*innen in ihrem Umfeld zurückgreifen, indem sie Fachkräfte verschiedenster Bereiche einladen, in der Schule Vorträge zu halten, oder Partnerschaften eingehen, um im Rahmen des Unterrichts andere öffentliche Einrichtungen (z. B. Museen) nutzen zu können.

Szenario 2 ist in Bezug auf diese Dimension offen angelegt. Es sieht (digitale) Lernplattformen vor, bei denen eine Vielzahl von Fachkräften tätig sein könnte, ebenso aber qualifizierte Lehrkräfte unterrichten und bei der Gestaltung der Plattform mitwirken. Sowohl in Szenario 2 als auch in Szenario 4 entstehen Unterrichtsformen, die nicht in professionellen Strukturen verankert sind. Diese Unterrichtsangebote „im freien Markt" könnten u. a. verschiedene Formen privater Lernbegleitung und informeller Vorträge umfassen, wie es sie auch heute bereits gibt. Szenario 2 sieht allerdings Qualitätssicherungsmechanismen wie Prüfungen vor, die einen Konsens der pädagogischen Fachkräfte im Hinblick auf Gestaltung und Benotung voraussetzen.

Die Auswirkungen digitaler Technologien auf den Unterricht sollten ebenfalls berücksichtigt werden. Selwyn (2011[2]) beschäftigt sich mit dem Thema Bildung und Technologie und fasst die wichtigsten Standpunkte zusammen:

- Ein erster Standpunkt trägt der Tatsache Rechnung, dass Technologien zur Verbesserung von Unterricht und Pädagogik beitragen können. Das wachsende Potenzial von Technologien, bürokratische und administrative Aufgaben zu automatisieren, einen besseren Zugang zu einer Vielzahl von Lehrmitteln und -methoden zu gewährleisten und neue Kanäle und Möglichkeiten für (kollaborative) Weiterbildungen zu bieten, könnte dafür sorgen, dass die Lehrkräfte mehr Zeit haben, sich auf die Bedürfnisse der Lernenden zu konzentrieren, und ihnen darüber hinaus die dafür erforderlichen Instrumente und Fachkenntnisse liefern.

- Einem zweiten Standpunkt zufolge werden die traditionellen Lehrkräfte durch die zunehmende Digitalisierung und Automatisierung der Bildungsprozesse verdrängt werden. Zwar wird dabei nicht davon ausgegangen, dass Lehrkräfte und Lernbegleitung vollständig ersetzt werden, es wird jedoch unterstellt, dass die Bildungsprogramme dadurch mit wesentlich weniger Personal umgesetzt werden können.

- Ein dritter Standpunkt, der zwischen diesen beiden Extremen zu verorten ist, geht davon aus, dass sich die Rolle der Lehrkräfte verändern wird. Demnach ermöglichen Technologien ein stärker selbstgesteuertes Lernen, sodass sich der Fokus der Unterrichtstätigkeit von der Steuerung der Lernerfahrungen auf deren Gestaltung und Förderung verlagert.

Diese drei Möglichkeiten spiegeln sich in den Szenarien wider, könnten sich jedoch auf unterschiedliche Art und Weise entwickeln. Technologien könnten die Lehrkräfte von einigen der über die Unterrichtstätigkeit hinausgehenden Aufgaben befreien, die sie in Szenario 1 zu erfüllen haben, sie könnten aber, insbesondere in Szenario 1, auch zu einer Entprofessionalisierung führen, wenn sich die Rolle der Lehrkräfte im Klassenzimmer dadurch auf bloßes Notfallmanagement beschränkt. In Szenario 3 wird die dritte Möglichkeit sich verändernder Rollen durchgespielt – Rollen, die in Szenario 2 sowohl von öffentlichen Bildungsbeauftragten als auch von privaten Anbietern übernommen werden könnten. Szenario 4 geht einen Schritt weiter und beschreibt eine Zukunft, in der formaler Unterricht nicht länger gefragt ist.

## *Welche Rolle werden Bildungsbehörden spielen?*

Die Bildungsgovernance ist eine weitere wichtige Dimension. Sie umfasst eine Vielzahl von Akteur*innen auf mehreren Einfluss- und Entscheidungsebenen – lokale, regionale, nationale sowie supranationale, private und öffentliche, wobei auch Eltern und anderen zivilgesellschaftlichen Akteur*innen größeres Gewicht zukommt. Ein Analyserahmen, mit dem sich die Entwicklung der Bildungsgovernance untersuchen lässt (Frankowski et al., 2018[6]), ergibt vier Ansätze, die in Abbildung 5.3 als Matrix dargestellt sind. All diese Ansätze existieren in den OECD-Ländern bereits in irgendeiner Form. In den letzten dreißig Jahren war allerdings ein Trend weg von der traditionellen öffentlichen Verwaltung hin zum sogenannten New Public Management (NPM) zu beobachten, das sich in vielen Systemen wiederum zur Netzwerk-Governance weiterentwickelt hat.

**Abbildung 5.3. Wie wird sich die Bildungsgovernance entwickeln?**

Aufgabenverteilung (Staat vs. Gesellschaft) und Ausrichtung (Wert- vs. Ergebnisorientierung) der Governance

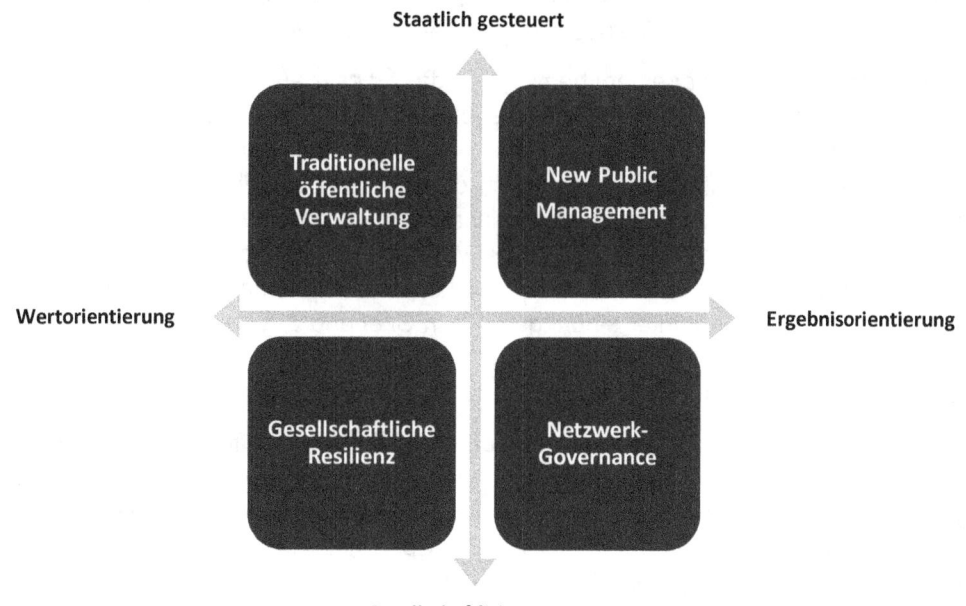

Quelle: Frankowski et al. (2018[6]).

- Die *traditionelle öffentliche Verwaltung* macht die Rolle des Staates in erster Linie an Legalität und Rechtsstaatlichkeit fest. Dabei werden die staatlichen Ziele im Rahmen von politischen Prozessen festgelegt und Maßnahmen beschlossen, um die politischen Entscheidungen in konkrete Aktionen umzumünzen. Diese Maßnahmen werden dann von Angestellten des öffentlichen Diensts ausgeführt und umgesetzt, sodass ein einheitliches staatliches Handeln gewährleistet wird.

- Das *New Public Management* ist auf eine effiziente und effektive Umsetzung der Politik ausgerichtet und integriert Managementkonzepte des Privatsektors in die Governance öffentlicher Dienstleistungen. Es stützt sich auf Instrumente wie Leistungsziele, Deregulierung, Effizienz, Vertragsmanagement und Finanzkontrolle.
- Bei der *Netzwerk-Governance* liegt der Fokus auf Netzwerken und Partnerschaften. Dieser Ansatz ist auf die zunehmende Dezentralisierung und den damit verbundenen geringeren Einfluss zentraler Bildungsbehörden zurückzuführen. Er beruht auf der Einbindung einer Vielzahl von Akteur*innen bei der Entscheidungsfindung und Politikumsetzung sowie auf einem öffentlichen Dienst, der aktiv auf den Aufbau von Bündnissen hinarbeitet, um die „Silos" aufzubrechen.
- Der Ansatz der *gesellschaftlichen Resilienz* geht davon aus, dass es Aufgabe des Staates ist, zu einem öffentlichen Mehrwert beizutragen. Die Definition und Schaffung dieses Mehrwerts obliegt aber in erster Linie gesellschaftlichen Akteur*innen, die sich von ihren eigenen Präferenzen und Prioritäten leiten lassen. Erreicht werden soll dies durch selbstorganisierte Netzwerke und Genossenschaften.

*Nutzung der Szenarien: Bildungsgovernance und die Rolle öffentlicher Behörden*

Die im vorangegangenen Kapitel beschriebenen OECD-Szenarien tragen der Tatsache Rechnung, dass bei der Organisation von Bildung weiterhin alle vier Governance-Ansätze genutzt und miteinander verknüpft werden könnten. Standardisierte Governance-Ansätze, wie beim Massenschulsystem in Szenario 1, können ein wirksames Instrument sein, um sicherzustellen, dass alle Zugang zu hochwertiger Bildung haben. In einer dynamischeren Bildungslandschaft, wie jener in Szenario 2, sind dagegen Regulierungsinstanzen erforderlich, um das Recht auf Bildung zu gewährleisten. Ein juristischer Ansatz ist möglicherweise auch unerlässlich, um in Systemen wie in Szenario 3, in denen eine starke zentrale Verwaltung an Einfluss verloren hat, Kinderrechte und Teilhabe zu gewährleisten, oder um bei der in Szenario 4 durchgespielten „Algorithmokratie" für mehr Transparenz und einen größeren öffentlichen Mehrwert zu sorgen.

Kritiker*innen des New Public Management bemängeln, dass dieser auf marktgestützten Modellen basierende Ansatz keinen massiven Innovationsschub ausgelöst hat und dass die freie Schulwahl und die nachfrageorientierte schulische Planung zu einem Anstieg der Ungleichheiten und Kosten geführt haben. Aus dieser Kritik folgt aber nicht zwangsläufig, dass sich dieser Trend umkehren wird und die Systeme zu einem extrem zentralisierten/kommunitaristischen Ansatz zurückkehren werden (Theisens, 2016[7]). Die freie Schulwahl beispielsweise wird in vielen Fällen als Wert an sich und nicht einfach als Mittel zum Zweck betrachtet. Dies ist vermutlich verstärkt der Fall, wenn Eltern über ein hohes Bildungsniveau verfügen und sich bei der Bildung ihrer Kinder stärker einbringen wie in Szenario 2. Vermehrte öffentliche und private Investitionen in die Entwicklung von Bildungsmessgrößen deuten darauf hin, dass die Messung der Ergebnisse künftig nicht eine kleinere, sondern vielmehr eine größere Rolle spielen wird.

Bildungsakteur*innen werden auch in Zukunft Netzwerke und Partnerschaften nutzen, um Kenntnisse und Fachwissen zu mobilisieren, die es ihnen ermöglichen, gemeinsame Herausforderungen zu erfassen und zu bewältigen. Die Bandbreite möglicher Entwicklungen reicht hier von der Bereitstellung neuer digitaler Instrumente und Bildungsressourcen auf internationaler Ebene im Rahmen eines Massenschulsystems (Szenario 1) bis hin zur Optimierung der Bildungsinfrastruktur und Bereitstellung von Fachkenntnissen in robusten lokalen Ökosystemen (Szenario 3). Solche Netzwerke und Partnerschaften könnten, wie beim Resilienzansatz, zunehmend auf einem direkten Engagement bzw. einer Selbstorganisation der Bevölkerung beruhen. Bündnisse mit anderen Akteuren wie privaten digitalen Dienstleistern oder Gesundheitsdiensten könnten aber ebenfalls stärkere Verbreitung finden, wie dies beim Ansatz der Netzwerk-Governance der Fall ist.

# Die Zukunft von Schule und Bildung: Ziele und Spannungsfelder

## *Komplexität und Verknüpfung der Ziele und Funktionen von Bildung*

Die Ziele der Bildung sind mit dem schulischen Alltag verknüpft und werden je nach Kontext unterschiedlich definiert und bewertet. Für viele Eltern, die Beruf und Familie miteinander vereinbaren müssen, ist die Betreuung und Sicherheit der Kinder am wichtigsten, insbesondere bei kleinen Kindern. Für andere sind möglicherweise kürzere Betreuungs- und Unterrichtszeiten gut geeignet, wenn sie dank flexiblerer Arbeitsregelungen oder einem ausreichenden Maß an sozialem bzw. ökonomischem Kapital über Alternativen verfügen. Diese multiplen Gleichgewichte verändern sich laufend, zumal auch die Familie selbst einem Wandel unterliegt: Die Kernfamilie (heterosexuelles Ehepaar mit Kindern) verliert an Bedeutung, während sich die Zahl der Patchworkfamilien und Alleinerziehendenhaushalte erhöht. Außerdem werden die Familien kleiner und die Menschen haben in der Regel, wenn überhaupt, zu einem späteren Zeitpunkt Kinder (OECD, 2016[8]).

Bildung bietet den Menschen auch die Möglichkeit, berufliche und persönliche Kompetenzen zu erwerben und sich zu mündigen Bürger*innen zu entwickeln. Dazu müssen ihnen die kognitiven, sozialen und emotionalen Kompetenzen vermittelt werden, die nötig sind, um in einer sich rasant verändernden Welt, in der immer vielfältigere Laufbahnen eingeschlagen werden, zurechtzukommen. Dies ist eine gewaltige Herausforderung und die Schulen sehen sich mit wachsenden Anforderungen konfrontiert: Zum einen sollen sie allen Schüler*innen umfassendere fachliche Kompetenzen und ein immer größeres Allgemeinwissen vermitteln, und zum anderen wird von ihnen erwartet, dass sie den Schüler*innen das Rüstzeug für eingehende Reflexionen, kritische Analysen und verschiedene kreative Ausdrucksformen mitgeben.

Erschwerend kommt hinzu, dass die in der Schule erworbenen Kenntnisse und Kompetenzen angesichts des exponentiellen Wissenswachstums sowie der vielfältigen und einem raschen Wandel unterliegenden Arbeitsmarkterwartungen schnell zu veralten drohen. In der Vergangenheit kam formalen Abschlüssen, Qualifikationen sowie Bildungs- und Berufsberatungssystemen bei der Validierung der Kenntnisse und Kompetenzen der Lernenden eine Schlüsselrolle zu. Dies ermöglichte der Gesellschaft eine effektive Allokation der Kompetenzen in der Wirtschaft. Nun müssen die Bildungssysteme jedoch zunehmend von einem Modell, bei dem ausschließlich in jungen Jahren Kompetenzen und Kenntnisse erworben werden, zu einem Modell lebenslangen Lernens übergehen, das den Menschen die Möglichkeit gibt, im Lauf ihrer Bildungs- und Berufslaufbahn verschiedene Bildungswege einzuschlagen.

Auch wenn die Erwachsenenbildung im Vergleich zu früher ausgebaut wurde und die Teilnahmequoten gestiegen sind, sind die meisten Länder vom Ziel des lebenslangen Lernens noch weit entfernt. Die Frage, welche Rolle die Schulen spielen müssten, damit dieses Ziel erreicht werden kann, wurde nach wie vor nicht beantwortet, und dies obwohl klar ist, dass sie zumindest in den nächsten 15-20 Jahren, auf die sich der vorliegende Bericht konzentriert, von grundlegender Bedeutung sein werden (Faure et al., 1972[9]).

Das aktuelle Bildungssystem wird Bestand haben, solange es die Menschen als nützlich erachten (für Wissens- und Kompetenzerwerb, persönliche Entwicklung, Förderung einer mündigen Bürgergesellschaft, Kinderbetreuung, Sozialisation und Kompetenzbescheinigung). Ob die institutionalisierte Bildung in einer zunehmend vernetzten und vielfältigen Gesellschaft eine Zukunft hat, wird davon abhängen, ob es ihr gelingt, Brücken zu schlagen und den Bedürfnissen der Menschen und der Gesellschaft weiterhin gerecht zu werden.

## Sieben Spannungsfelder

### Modernisierung – Umbruch

Eine grundsätzliche Frage besteht darin, ob unsere Vision für die Zukunft der schulischen Bildung eine schrittweise Modernisierung oder einen radikalen Umbruch vorsieht. Wie könnten sich Unterricht und Lernen beispielsweise verändern, wenn Schulen mit modernsten Technologien ausgestattet werden, die körperliche Daten, den Gesichtsausdruck und neuronale Signale erfassen können. Würde die genaue Kenntnis der emotionalen Befindlichkeit der Schüler*innen, die diese Instrumente ermöglichen, einer grundlegenden Veränderung des Unterrichts und einer Neugestaltung des Lernens, der Zusammenarbeit und der Beziehungen zwischen den verschiedenen Akteur*innen (Schüler*innen, Lehrkräfte, Eltern) dienen? Oder würde dieses Wissen vielmehr genutzt werden, um die existierenden Praktiken und traditionellen Evaluierungsmechanismen schrittweise zu modernisieren, was sogar so weit gehen könnte, das Verhalten der Schüler*innen auf bestimmte „Normen", wie z. B. typische Verhaltensweisen, auszurichten (Knox, J., B. Williamson und S. Bayne, 2019[10])? Technologie wird häufig mit Innovation und Umbruch gleichgesetzt. Im Bildungsbereich gibt es jedoch kaum Beispiele dafür, dass Technologien für einen Umbruch – und nicht für Anpassungen und Modernisierungen – genutzt wurden.

Ein weiteres, mit größeren Herausforderungen verbundenes Beispiel, an dem das Spannungsverhältnis von Modernisierung und Umbruch deutlich wird, ist das lebenslange Lernen. Es besteht seit Langem ein Konsens darüber, dass die Schulpolitik und -praxis in einem umfassenderen Rahmen lebenslangen Lernens verankert werden muss – nicht zuletzt wegen der zunehmenden Alterung der Bevölkerung (Istance, 2015[11]). Dennoch konzentriert sich das formale Bildungsangebot nach wie vor auf die ersten Lebens- und Berufsjahre, in denen die Menschen weniger Erfahrung haben, während das Angebot im späteren Lebensverlauf, wenn Menschen mehr Erfahrungen gesammelt haben, geringer ist. Die Qualität und Angemessenheit des Angebots werden ebenfalls infrage gestellt. Mit dem derzeitigen Ansatz einer schrittweisen Veränderung der bestehenden Strukturen konnte dieses Problem nicht gelöst werden. Dies kann in vielerlei Hinsicht auch nicht erwartet werden, denn es ist schwierig, fest etablierte Systeme zu verändern.

Wie lässt sich also ein angemessenes lebenslanges Lernen gewährleisten? Mit grundlegend anderen Lernansätzen? Indem die Grenzen zwischen Arbeit und „Lernen" aufgehoben und lückenlose berufliche Weiterbildungsmöglichkeiten geschaffen werden? Mithilfe von beschäftigungs- und arbeitgeberunabhängigen Weiterbildungsperioden, sodass Menschen über den gesamten Lebensverlauf hinweg die Möglichkeit haben, ihre persönlichen und beruflichen Kompetenzen weiterzuentwickeln? Durch eine gerechtere Verteilung von und einen besseren Zugang zu hochwertigen Ressourcen und Lernmöglichkeiten in den ersten Lebensjahren? Durch eine Veränderung der Denkweisen und Gewohnheiten, damit die Menschen ihr ganzes Leben lang sowohl bei der Arbeit als auch in der Freizeit „lernbegierig" bleiben (Sivan, A. und R. Stebbins, 2011[12]); (OECD, 2019[13])? In den Szenarien werden verschiedene Möglichkeiten durchgespielt, z. B. eine kürzere und intensivere schulische Bildung einerseits und eine erweiterte Erstausbildung andererseits, bzw. flexiblere Bildungswege im Gegensatz zu stark spezialisierten Bildungslaufbahnen.

Dieses für unsere Reflexionen über die Zukunft der Bildung grundlegendste Spannungsverhältnis ist nicht nur bei Spitzentechnologien und lebenslangem Lernen zu beobachten. Auf diese Frage gibt es nicht nur eine richtige Antwort: In manchen Fällen ist eine Modernisierung vorzuziehen, in anderen ist ein Umbruch erforderlich. Dabei ist zu beachten, dass es auch als Umbruch getarnte Modernisierungen geben kann und gibt. Ein Umbruch ist nur mit völlig neuen Denkweisen und Engagement zu erreichen und extrem schwierig zu bewerkstelligen. Es bedarf dazu nicht nur politischer Argumente, um Ressourcen zu mobilisieren und die Voraussetzungen für möglicherweise radikale strukturelle Veränderungen/Politikmaßnahmen zu schaffen, es müssen auch die bestehenden Weltbilder hinterfragt und neue Denkansätze entwickelt werden.

## Neue Ziele – alte Strukturen

Es kann sein, dass sich die Ziele und Aufgaben der Bildung im Lauf der Zeit unabhängig von den Bildungsprozessen und -strukturen weiterentwickeln. Einerseits herrscht beispielsweise ein breiter Konsens darüber, dass die Lernerfahrungen auf die individuellen Bedürfnisse abgestimmt werden müssen, andererseits sind viele der Ansicht, dass Zusammenarbeit und Teamfähigkeit zu den wichtigsten Kompetenzen und Einstellungen zählen (Deming, 2017[14]); (Weidmann, B. und J. Deming, 2020[15]). Im OECD Raum sind nur sehr wenige Schüler*innen in der Lage, Problemlösungsaufgaben zu meistern, die ein gruppendynamisches Bewusstsein, Eigeninitiative zur Überwindung von Hindernissen und die Bewältigung von Meinungsverschiedenheiten und Konflikten erfordern (OECD, 2017[16]). Zwischen Teamfähigkeit und guten schulischen Leistungen besteht kein direkter Zusammenhang: Weder lassen mangelhafte Grundkompetenzen auf soziale und emotionale Kompetenzen schließen noch gehen allgemeine Kompetenzen zwangsläufig mit sozialen Kompetenzen einher.

Sollen andere Zielsetzungen erreicht werden, müssen die Bildungsziele und -methoden aufeinander abgestimmt werden. Zugleich muss berücksichtigt werden, dass es noch weitere grundlegende Spannungslinien gibt, die uns möglicherweise vor noch größere Herausforderungen stellen. Auch dies sei an einem Beispiel veranschaulicht: Schulische Bildung wird oft an egalitären Zielen festgemacht, wie z. B. allen Zugang zu Lernmöglichkeiten zu bieten und ihre Entwicklung zu demokratisch eingestellten Bürger*innen zu fördern. Hierzu zählt auch, dass Bildung für die soziale Mobilität von zentraler Bedeutung ist: Zwar bestehen zwischen den einzelnen gesellschaftlichen Gruppen nach wie vor große Unterschiede im Hinblick auf das Bildungs- und Kompetenzniveau, Schüler*innen aus benachteiligten Verhältnissen profitieren aber in stärkerem Maße von einer Teilnahme an formaler Bildung als Gleichaltrige mit günstigem sozioökonomischem Hintergrund.

Trotz dieser Egalisierungsziele hat die Schule aber auch eine Sortierfunktion. Die Schüler*innen werden beurteilt und nach formalen und informellen Kriterien aufgeteilt. Beispiele hierfür sind Einschreibeverfahren, verschiedene Schultypen, Jahrgangsstufen, Schulklassen und Leistungsgruppen sowie unterschiedliche Bildungswege. Die dadurch geschaffenen sozialen Kategorien prägen die Identität der Schüler*innen, schaffen und verstärken aber auch Ungleichheiten, denn sie haben Auswirkungen auf die Ressourcen und Anreize, die den Schüler*innen geboten werden, und bestimmen ihre eigenen und die an sie gestellten Erwartungen (Domina, T., A. Penner und E. Penner, 2017[17]).

Hinzu kommt, dass der Bildung zwar einerseits ein Egalisierungseffekt zugeschrieben wird, der schulische Rahmen aber andererseits nicht auf alle Schüler*innen denselben Effekt haben kann. Nicht alle Lernenden erleben die Erwartungen im Hinblick auf Kenntnisse und Kompetenzen (Lehrplan) sowie gesellschaftliche Regeln und Rollen in der Schule in gleicher Weise. Für einige decken sich diese Erwartungen mit jenen im Elternhaus und in ihrem Umfeld, andere wiederum erleben die Schule und ihr persönliches Umfeld als zwei völlig unterschiedliche Welten. Dies wirkt sich auf die Einstellung der Lernenden zur Schule und auf ihren schulischen Alltag aus, insbesondere ihre Leistungen, ihren Einsatz und ihr Zugehörigkeitsgefühl in der Schule (OECD, 2018[18]).

Im Hinblick auf die Zukunft von Schule und Bildung stellt sich daher u. a. die Frage, ob die Massenschulsysteme in der Lage sein werden, die Ungleichheiten, zu deren Schaffung sie selbst beitragen, abzubauen; ob sie sicherstellen können, dass sich die in der Schule geschaffenen Trennlinien nicht auf die späteren Ergebnisse auswirken; und ob sich etwaige Alternativen zur schulischen Bildung durchsetzen könnten. Eine andere Frage ist, welcher Stellenwert der Bildung im sozialen, wirtschaftlichen und kulturellen Umfeld zukommt und inwieweit Massenschulsysteme oder andere Bildungsformen gesellschaftlichen Ungleichheiten entgegenwirken können, die weit über das Bildungssystem hinausgehen. Sie können nur bis zu einem gewissen Grad durch Bildung ausgeglichen werden.

*Global – lokal*

Ausschlaggebend für die Zukunft der Bildung ist auch, inwieweit in Bezug auf die Bildungsziele ein Konsens herrscht und inwieweit diese Ziele als sinnvoll empfunden, anerkannt und wertgeschätzt werden. Große Bedeutung wird in diesem Zusammenhang offenen und partizipatorischen Governance-Mechanismen beigemessen, die darauf abzielen, eine gemeinsame Vision zu fördern und die Eigenverantwortung zu stärken, indem eine Vielzahl von Akteur*innen in die Politikgestaltung eingebunden wird. Da der öffentlichen Wertschöpfung unterschiedliche und zuweilen auch gegensätzliche Standpunkte zugrunde liegen, ergeben sich Spannungsfelder und Widersprüche zwischen den nationalen (oder auch internationalen) und den lokalen Prioritäten. Offenkundig wird dies in mehrerlei Hinsicht, so z. B. bei der Rechenschaftslegung und bei den Verfahren, in denen die Ziele von Schulen festgelegt und ihre Kapazitäten zur Umsetzung dieser Ziele gemessen und evaluiert werden. Wie kann angesichts der immer größeren Anforderungen an Schulen und der damit verbundenen steigenden Kosten eines Scheiterns die Rechenschaftslegung über systemweite Ziele gewährleistet werden, ohne dass die Rechenschaftsmechanismen die Flexibilität auf lokaler Ebene und damit die Qualität der Bildung untergraben, die sie eigentlich fördern sollen (Burns, T. und F. Köster (Hrsg.), 2016[19])?

Hinzu kommt, dass die Schulen in vielen Ländern oft in erster Linie anhand der Schülerleistungen beurteilt werden, obwohl die Sozialisation der Schüler*innen und ihre Entwicklung zu mündigen Bürger*innen ebenfalls wichtige Funktionen der Bildung sind. Viele Länder führen nun Rechenschaftssysteme ein, bei denen die Schulen nicht nur für die Leistungen der Schüler*innen, sondern auch für zahlreiche andere Ergebnisse verantwortlich sind und lokale Akteur*innen selbst Prioritäten setzen und Anforderungen definieren können. Letztere müssen allerdings mit den nationalen Zielen und Erwartungen koexistieren. Daraus ergibt sich ein Spannungsverhältnis zwischen einer reaktiven lokalen Flexibilität und der Gewährleistung nationaler Standards. Wer entscheidet, was gemessen wird und wessen Stimme (das größte) Gewicht zukommt?

Die Rechenschaftslegung ist integraler Bestandteil aller Szenarien, beruht in den einzelnen Szenarien aber auf unterschiedlichen Mechanismen. Diese reichen von einer genauen Überwachung der Leistung und des Bildungsniveaus über eine Rechenschaftslegung durch Nutzerentscheidungen bis hin zur Einbindung lokaler Akteure bei der Entscheidungsfindung als Mittel der Qualitätskontrolle. Selbst Szenario 4, das eine Deinstitutionalisierung unterstellt, wirft Fragen in Bezug auf die Machtverteilung und Rechenschaftslegung auf, die mit bedeutenden ethischen und politischen Implikationen verbunden sind, z. B. im Hinblick auf Datenschutz, Transparenz, Dateneigentum und die Finanzierung der Schulen (Williamson, 2015[20]); (Williamson, 2016[21]).

Ein weiteres Beispiel, an dem das Spannungsverhältnis zwischen nationalen (oder auch internationalen) und lokalen Prioritäten offenkundig wird, sind die Lehrplaninhalte, z. B. für den Fremdsprachenunterricht. In vielen Systemen liegt der Fokus darauf, Kompetenzen für einen sich verändernden Arbeitsmarkt zu vermitteln. Dies führt dazu, dass verstärkt Englisch und andere für die Geschäftswelt und globale Märkte wichtige Fremdsprachen unterrichtet werden. Gleichzeitig gibt es jedoch Bedenken hinsichtlich des Erhalts des lokalen Kulturerbes und die Sorge, dass Sprachen und Kulturen aussterben könnten, wenn junge Menschen vom Land in die Städte ziehen, wo sie die Sprache ihrer Vorfahren nicht mehr benutzen. Wie lassen sich diese unterschiedlichen Anforderungen am besten miteinander vereinbaren? Wie wird sich die globale Reichweite des Internets auf dieses Spannungsverhältnis auswirken? Einerseits erlangen einflussreiche Weltsprachen wie das Englische durch die Verbreitung digitaler Inhalte noch größere Bedeutung, andererseits ermöglicht das Internet aber auch eine stärkere Verbreitung lokaler Inhalte (z. B. über Muttersprachler*innen aussterbender Sprachen) und trägt damit vielleicht zum Schutz des lokalen Kulturerbes bei. Dieses Spannungsverhältnis spiegelt sich in allen vier Szenarien wider, sei es nun auf regionaler und nationaler oder auf supranationaler Ebene.

*Innovation – Risikovermeidung*

Für ein besseres öffentliches Dienstleistungsangebot braucht man Innovationen und die Fähigkeit, sich an neue Rahmenbedingungen und Herausforderungen anzupassen. Innovationen wiederum erfordern Risikobereitschaft – die Bereitschaft, Neues auszuprobieren und damit möglicherweise zu scheitern. Im Bildungsbereich gibt es heute vermehrt Bemühungen, die systemweite Innovationstätigkeit und die Kreativität von Lehrkräften zu stärken. Dies ist allerdings kein leichtes Unterfangen. Während die Länder vor der Aufgabe stehen, Innovationen im Bildungssystem zu fördern, ist ihr Rechenschaftssystem auf eine Risiko- und Fehlerminimierung ausgerichtet. Dies ist ein wichtiges und schwieriges Spannungsfeld: Risiko und Innovation miteinander zu vereinbaren, stellt eine besonders große Herausforderung dar (Burns, T. und P. Blanchenay, 2016[22]); (Brown, L. und S. Osborne, 2013[23]).

Zu oft bleiben Bildungssysteme einem Paradigma der Risikominimierung verhaftet. Dies ist zwar verständlich, es bremst jedoch die Innovationstätigkeit und den Wandel und blendet darüber hinaus einen grundlegenden Sachverhalt aus: Die Aufrechterhaltung des Status quo kann ebenfalls mit Risiken verbunden sein. Auch die Entscheidung, keinen Wandel anzustoßen oder zuzulassen, hat Folgen. Wie hoch sind die Kosten eines Nichthandelns, aufgrund dessen die Methoden/Strategien/Ansätze nicht verbessert werden? In den meisten Fällen ist dies schlicht und einfach nicht bekannt und wird nicht ermittelt. Dies mag politisch von Vorteil (und der sicherste Weg) sein, die Risiken und Kosten eines Nichthandelns oder Scheiterns werden dadurch allerdings auf diejenigen übertragen, denen das System eigentlich dienen sollte, d. h. auf die Lernenden.

Dass man möglicherweise scheitert, wenn man in einem Bildungssystem Risiken eingeht, muss in Kauf genommen werden. Es lässt sich nicht vermeiden und es wäre unklug, diese Möglichkeit in öffentlichen Debatten zu Politikentscheidungen oder als Reaktion auf eine gescheiterte Initiative zu bagatellisieren. Fehlschläge können und sollten als Lernmöglichkeiten gesehen werden, sowohl auf wissenschaftlicher Ebene (verstehen, was funktioniert und was nicht) als auch auf politischer Ebene (werden daraus keine Lehren gezogen, kann dies zu Ressourcenverschwendung führen) (Burns, T. und P. Blanchenay, 2016[22]); (Blanchenay, P. und T. Burns, 2016[24]).

Der Fortbestand der Massenschule in Szenario 1 könnte als Nichthandeln bzw. als Konservatismus interpretiert werden. Die Risiken einer Fragmentierung und oberflächlicher Innovationen, die in den übrigen Szenarien entstehen könnten, sollten allerdings ebenfalls nicht unterschätzt werden. Ein weiterer Aspekt, der berücksichtigt werden sollte, sind die Auswirkungen der umfassenden Digitalisierung der Bildung sowie des damit einhergehenden konstanten Datenflusses, durch den überprüft werden kann, was funktioniert und was nicht. Inwieweit wären diese Daten in Anbetracht der aktuellen Debatten und Herausforderungen aussagekräftig und nutzbar?

*Potenzial – Realität*

Alle der in diesem Band präsentierten Szenarien gehen davon aus, dass Technologien in der Schule bzw. Bildung der Zukunft eine Schlüsselrolle spielen werden, wenn auch in unterschiedlichem Maße und in unterschiedlicher Form. Diese Annahme ist durchaus umstritten, nicht zuletzt, weil sich eine produktive Nutzung von Technologien für pädagogische Zwecke bislang stets als unerreichbares Ziel erwiesen hat. Damit sich dies ändert, müssen die Technologien in den komplexen, von Sachzwängen geprägten Kontext integriert werden, in dem die Lehrkräfte und Lernenden agieren.

Mit Technologien verbanden früher viele die Hoffnung auf einen grundlegenden Wandel der Bildung, durch den Unterricht und Lernen in der Schule verbessert werden oder sich die schulische Bildung sogar ganz erübrigt. In den 1920er und 1930er Jahren beispielsweise sahen manche in Rundfunk und Fernsehen die Chance, Bildungsprogramme für die breite Masse anzubieten (Novak, 2012[25]). Seit einiger Zeit werden Computer und Internet als Lösung für viele Schwächen des Bildungssystems angepriesen, insbesondere die damit verbundene Möglichkeit, der langjährigen Kritik am rigiden und standardisierten Unterricht ein abwechslungsreiches und personalisiertes Lernen entgegenzusetzen.

Bislang gibt es jedoch kaum Belege dafür, dass Technologien den Unterricht und das Lernen tatsächlich grundlegend verändern können (Escueta et al., 2017[26]); (Higgins, S., Z. Xiao und M. Katsipataki, 2012[27]). Es hat sich vielmehr gezeigt, dass die Technologien an sich das Lernen trotz ihres Potenzials nicht verbessert haben, unabhängig davon, ob es sich dabei um Spitzentechnologien handelte oder nicht. Dies könnte u. a. darauf zurückzuführen sein, dass die sogenannten EdTech-Programme und -Plattformen in der Regel eher einer Stärkung als einer Neugestaltung existierender pädagogischer Ansätze dienen. Ein weiterer Grund ist, dass Technologien häufig den Vorstellungen von Entwicklern und Märkten entsprechen und losgelöst von bildungspolitischen und pädagogischen Zielen und den Erkenntnissen der Lernforschung entwickelt werden. Wenn Technologien für den Unterricht gefördert werden, ohne pädagogische Gesichtspunkte angemessen zu berücksichtigen, stellt dies eine zusätzliche Herausforderung dar (OECD, 2018[28]). Eine eingeschränkte Nutzung von Technologien ist nicht zwangsläufig auf eine konservative Haltung zurückzuführen. Dafür kann ebenso sehr das fachliche Urteil von Lehrkräften über die Opportunitätskosten der Nutzung – also den Zeitaufwand und die Auswirkungen auf die Lernergebnisse – ausschlaggebend sein.

Die Entwicklung der künstlichen Intelligenz (KI) hat die Hoffnungen auf einen Wandel durch Bildungstechnologien wiederbelebt. Moderne digitale Lernsysteme, die auf zunehmend „intelligenten" Algorithmen und einem bildungsbezogenen Data-Mining beruhen, haben das Potenzial, allen Lernenden Zugang zu einem schier unbegrenzten Angebot an Unterrichtsansätzen zu bieten und das Lernen zu steuern und zu fördern (Luckin et al., 2016[29]); (Luckin, 2018[30]).

Klammert man dieses Potenzial aus, zeigt sich allerdings, dass der Diskurs über die „Personalisierung" des Lernens ebenso umstritten ist wie die Frage, ob neue Technologien eine Standardisierung für die Lernenden mit sich bringen könnten. Davon sollten sie die EdTech-Lösungen eigentlich befreien. Die existierenden „personalisierten" Lerntechnologien reichen von einer bloßen Personalisierung der Lernoberfläche bis hin zu Systemen, bei denen die Lerninhalte auf die Leistungen der Nutzer*innen abgestimmt werden (Bulger, 2016[31]). Letzteres ist an sich nicht von Nachteil. Doch wenn die bessere Kenntnis der Lernerfahrungen lediglich genutzt wird, um Standardverfahren des schrittweisen Wissenserwerbs zu optimieren oder die Rolle von Lehrkräften und damit die Qualität des Bildungsangebots zu schwächen (The Institute for Ethical AI in Education, o. J.[32]), geht davon keine transformative Kraft aus. Es muss vielmehr geklärt werden, was Personalisierung überhaupt bedeutet, inwieweit existierende Formen technologiegestützten Lernens tatsächlich eine Personalisierung ermöglichen und ob sie im Vergleich zu existierenden Ansätzen einer von Lehrkräften gesteuerten Personalisierung des Lernens tatsächlich einen Mehrwert bieten.

### Virtuell – face-to-face

Ebenso wie Szenarien weitere Reflexionen über die Lernorte und -zeiten anstoßen, helfen sie uns auch, die Unterrichts- und Lernmodalitäten zu beleuchten. Je mehr Lernmöglichkeiten außerhalb der Schule zur Verfügung stehen, desto wichtiger ist es, sich die Frage zu stellen, welche Funktionen Face-to-Face-Interaktionen und physische Präsenz eigentlich erfüllen.

Effektive Lehrkräfte, ihre Ausbildung und Anpassungsfähigkeit in Bezug auf verwendete Technologien sowie Unterstützungsangebote für Schüler*innen sind von grundlegender Bedeutung für den Unterricht – unabhängig von der gewählten Unterrichtsform. Gute Fernlernsysteme können die Voraussetzungen für ein lernerzentriertes Lernen sowie für Interaktionen zwischen sowie unter Schüler*innen und Lehrkräften schaffen (Ellis-Thompson et al., 2020[33]); (Abrami et al., 2011[34]).

Untersuchungen von digitaler und Face-to-Face-Kommunikation kommen allerdings durchweg zu dem Ergebnis, dass Face-to-Face-Kommunikation in stärkerem Maße zur Festigung und Aufrechterhaltung von

Beziehungen beiträgt (Finkenauer et al., 2019[35]). In der Schule wird dies am herzlichen und wohlwollenden Verhältnis zwischen Lehrkräften und Lernenden ebenso deutlich wie in den Beziehungen und der Zusammenarbeit der Schüler*innen untereinander, allesamt Aspekte, die für Unterricht, Lernen und Wohlergehen von grundlegender Bedeutung sind (OECD, 2019[36]). Doch auch die digitale Kommunikation kann einen positiven Effekt auf Beziehungen haben und benachteiligte Gruppen stärken, indem schwache Bindungen gefestigt und marginalisierten und zu Minderheiten zählenden Jugendlichen eine Unterstützung geboten wird, die sie in ihrem unmittelbaren Umfeld u. U. nicht erhalten. Außerdem ist nicht jeder direkte Kontakt zwangsläufig angenehm. Es gibt auch Schüler*innen, die sich im Unterricht überhaupt nicht beteiligen, und Interaktionen zwischen Schüler*innen, die destruktiv sind, wie z. B. Mobbing.

Die Grenzen zwischen Online- und Offline-Kontakten werden zunehmend verschwimmen. Digitale Technologien ersetzen persönliche Freundschaften nicht, sie ergänzen sie vielmehr, zumal Online-Kommunikation zur Festigung von Offline-Freundschaften beiträgt (Mesch, 2019[37]). Beim Übergang zu flexibleren Bildungsformen, wie sie das digitale und hybride Lernen vorsieht, muss das Spannungsverhältnis zwischen Präsenz- und Fernunterricht bzw. zwischen Lernautonomie und -unterstützung sorgfältig ausgelotet werden (OECD, 2018[38]).

Die Schulsysteme zu öffnen, z. B. indem die Schulen in umfassendere Lernökosysteme integriert werden (Szenario 3), könnte helfen, die Ressourcen zu optimieren und den Lernenden mehr situierte und tiefer gehende Lernerfahrungen zu ermöglichen. Dabei muss jedoch auch der traditionellen Funktion der Schule als Ort der Begegnung Rechnung getragen werden. In der Begegnung mit Mitschüler*innen, die ganz anders sind als sie selbst, wird für die Lernenden nicht nur Verschiedenheit erfahrbar, sie erlernen auch soziale Skripte – sei es explizit oder implizit. Die Vertrautheit mit anderen sowie die Akzeptanz und Toleranz anderer zu fördern, ist eine zentrale Aufgabe der Schule und der Bildung. Wie dies in virtuellen Räumen gewährleistet werden könnte, in denen wir von Algorithmen in der Regel nach ähnlichen Vorlieben und Einstellungen gruppiert werden, ist eine Frage, die schwierig zu beantworten ist.

*Lernen – Bildung*

Dass nicht nur in der Schule und anderen formalen Bildungseinrichtungen gelernt wird, ist längst bekannt. Im familiären Umfeld und in anderen sozialen Beziehungen wird ebenfalls sowohl formal als auch informell gelernt – im Rahmen von Spielen, Sport und ehrenamtlichem Engagement, bei praktischen Aufgaben und sogar in zwanglosen Unterhaltungen. Je mehr Wissen in unterschiedlicher Form und über verschiedene Kanäle zugänglich ist – wie heute z. B. im Internet – desto unrealistischer ist es, Bildungseinrichtungen als alleinige Gatekeeper des Wissens zu betrachten.

Wir leben im Zeitalter des „aufgeklärten Analphabetismus" (Garcés, 2017[39]), in dem wir zwar alles über die Welt wissen, aber nur wenig daran ändern können. Ein grundlegendes Paradox dieses „aufgeklärten Analphabetismus" besteht darin, dass wir unseren Vorurteilen umso leichter erliegen, je mehr wir „wissen", da neue Kenntnisse nur noch der Bestätigung unserer Weltsicht dienen. Es gibt noch ein weiteres Paradox. Je mehr Wissen zur Verfügung steht, desto schwieriger wird es, eine eigene Weltsicht zu entwickeln, was dazu führt, dass unreflektiert vorgefertigte Meinungen übernommen werden.

In einer digitalisierten Informationsgesellschaft ist es von entscheidender Bedeutung zu erkennen, dass sich Meinungen und Wissen nicht durch ihren Wahrheitsgehalt oder ihren Nutzen voneinander unterscheiden. Eine Meinung oder Information kann zutreffend und für die Entscheidungsfindung von Nutzen sein, ganz gleich, ob sich die Person, die sie vertritt bzw. besitzt, über deren Logik und Wahrheitsgehalt im Klaren ist. Wissen dagegen setzt Begründungen und Belege voraus. Um sich Wissen anzueignen, muss man die Gründe, die für eine Aussage sprechen, beleuchten, erkennen und vorbringen können. Dies wird durch den Zugang zu Informationen, fachkundige Erläuterungen und soziale Interaktionen erleichtert.

Unterricht zielt nicht nur darauf ab, das Faktenwissen der Lernenden in verschiedenen Fächern zu vertiefen, wobei im Übrigen auch adaptive Lerntools zum Einsatz kommen können. Es geht dabei auch darum, den Lernenden ein besseres Verständnis von Wissen und Wissenserwerb zu vermitteln (Hofer, B. und P.

Pintrich (Hrsg.), 2002[40]) und die für diesen Prozess erforderlichen motivationalen Ressourcen zu mobilisieren. Eine Entkoppelung der Bildungsziele und -methoden kann, wie bereits erörtert, zu Problemen führen. Die Stärke der schulischen Bildung und bestimmter pädagogischer Ansätze (Paniagua, A. und D. Istance, 2018[41]); (Pellegrino, 2017[42]) besteht darin, dass Methoden wie die Analyse, Reflexion und Überprüfung von Ideen internalisiert bzw. zur Routine werden und zugleich eine fachliche und fächerübergreifende Wissensgrundlage vermittelt wird, in der diese Methoden verankert und angewandt werden können.

Wird diese Rolle von Unterricht und Pädagogik anerkannt, hat der Unterricht für den Erfolg der schulischen Bildung eine noch grundlegendere Bedeutung, zumal zunehmend höhere Qualitätsanforderungen gestellt werden. Dies bedeutet mehr nachfrageorientierte und weniger angebotsorientierte Ansätze, mehr aktives und weniger passives Lernen sowie Wissensaufbau statt bloßer Wissensvermittlung. Was Profil, Rolle, Status und Anerkennung der Lehrkräfte anbelangt, gibt es zwischen den einzelnen Szenarien beträchtliche Unterschiede. Einige Szenarien unterstellen Veränderungen, die bei Lehrkräften und in der Bevölkerung für Unbehagen sorgen könnten. Welche Auswirkungen hätte es, wenn bei der Bildung eine große Zahl von Nichtlehrkräften zum Einsatz käme wie in Szenario 3? Und warum ist dies noch nicht der Fall, wenn es als sinnvoll erachtet wird? Inwieweit würde ein Verzicht auf menschliche Lernbegleitung (eine Möglichkeit, die in den Szenarien 2 und 4, aber auch in Szenario 1 angelegt ist) einer Ausgrenzung Vorschub leisten? Wenn die Bildungspolitik und -planung die Funktionen der Bildung und den wertvollen Beitrag der Lehrkräfte nicht hinreichend berücksichtigt, könnte sich das Narrativ vom Verschwinden der Lehrkräfte als selbsterfüllende Prophezeiung erweisen.

## Schlussbemerkung

Nicht immer sind die verschiedenen Aspekte der Bildung und die Bildungsziele aufeinander abgestimmt oder stehen in einer positiven Wechselbeziehung zueinander. Im Gegenteil. Ebenso wenig, wie es eine einzige Bildungszukunft gibt, gibt es einen einzigen Weg, der dorthin führt. Es liegt also an den einzelnen OECD-Ländern und den Gemeinden, die künftige Entwicklung ihrer Schulen und Bildungssysteme abzustecken. Als Vorbereitung auf die zunehmend ungewisse Zukunft müssen sich die Länder allerdings mit einer Reihe von Fragen und Spannungsfeldern befassen. Einige davon betreffen seit Langem bestehende Aspekte, die noch nicht hinreichend beleuchtet wurden, wie z. B. die Funktion und der Stellenwert der Massenschulsysteme. Andere betreffen neue Entwicklungen, deren Folgen noch nicht absehbar sind. Hierzu zählt beispielsweise auch die Frage, welche Rolle die künstliche Intelligenz bei der Umsetzung – oder Gestaltung – der Bildungszukunft spielen wird. Der vorliegende Bericht und insbesondere die in Kapitel 4 präsentierten Szenarien bieten Politikverantwortlichen und betroffenen Akteur*innen die Möglichkeit, sich mit diesen Fragen auseinanderzusetzen.

Viele der in diesem Bericht beschriebenen Spannungslinien zeigen, dass Bildungsressourcen und -investitionen nötig sind – in Form von direkter Finanzierung, Fachkompetenz, technischer Infrastruktur und Ausstattung sowie einem Engagement der Eltern und der lokalen Bevölkerung. Welche Ergebnisse erzielt werden, hängt u. a. davon ab, wie viel Ressourcen zur Verfügung stehen, aber auch davon, wie die Ressourcen kombiniert, genutzt und verwaltet werden. Bis zu einem gewissen Grad gehen alle Szenarien von einer Diversifizierung der Ressourcen aus. In diesem Zusammenhang stellen sich mehrere wichtige Fragen wie z. B.: Ist die Gesellschaft bereit, so viel in Schulen zu investieren, dass sie ihren Auftrag tatsächlich erfüllen können? Könnten die Ressourcen von Schulen stärker mit Ressourcen anderer Einrichtungen gebündelt und optimiert werden? Könnten sich Lehrkräfte, Schulen und die Bildungspolitik in stärkerem Maße sowohl mit formalem als auch informellem Lernen befassen?

Alle Länder müssen sich auf die Zukunft vorbereiten. Dabei müssen sie nicht nur wahrscheinliche Veränderungen, sondern auch unerwartete Entwicklungen in Betracht ziehen und überlegen, in welcher Hinsicht sich die Zukunft grundlegend von der Gegenwart unterscheiden könnte. Die Befunde müssen ergänzt werden, indem auch Entwicklungen systematisch berücksichtigt werden, zu denen noch keine Daten vorliegen, wie z. B. der weltweite wirtschaftliche und gesellschaftliche Wandel, der durch die Digitalisierung angestoßen wurde. Zudem gilt es, über die eigenen Fachbereiche und Silos hinauszugehen und sich mit Themen auseinanderzusetzen, die möglicherweise nebensächlich anmuten, tatsächlich aber schwerwiegende Folgen haben könnten. Wenn wir systematisch verschiedene plausible Zukunftsszenarien betrachten und die damit verbundenen Chancen und Herausforderungen im Bildungsbereich benennen, können wir diese Überlegungen nutzen, um bessere Entscheidungen zu treffen und bereits jetzt geeignete Maßnahmen zu ergreifen.

Die Welt ist ständig im Wandel. Eine zukunftsfeste Bildung kann also nicht einfach auf Lehren aus der Vergangenheit basieren. Die Zukunft hat bereits begonnen und sollte Bildungssystemen ein Wegweiser sein. Ob wir Erfolg haben werden, wird davon abhängen, wie effektiv wir unser Wissen nutzen, um die Zukunft zu antizipieren, und wie schnell wir beginnen, sie zu gestalten.

## Literaturverzeichnis

Abrami, P. et al. (2011), "Interaction in distance education and online learning: using evidence and theory to improve practice", *Journal of Computing in Higher Education*, Vol. 23/2-3, S. 82-103, http://dx.doi.org/10.1007/s12528-011-9043-x. [34]

Bentley, T. und R. Miller (2006), "Personalisation: Getting the Questions Right", in *Personalising Education*, OECD Publishing, Paris, https://dx.doi.org/10.1787/9789264036604-9-en. [4]

Blanchenay, P. und T. Burns (2016), "Policy experimentation in complex education systems", in *Governing Education in a Complex World*, Burns, T. und F. Köster (Hrsg.), OECD Publishing, Paris, https://dx.doi.org/10.1787/9789264255364-10-en. [24]

Brown, L. und S. Osborne (2013), "Risk and Innovation", *Public Management Review*, Vol. 15/2, S. 186-208, http://dx.doi.org/10.1080/14719037.2012.707681. [23]

Bulger, M. (2016), "Personalized learning: The Conversations We're Not Having", Working Paper, Data & Society Research Institute, New York, https://datasociety.net/wp-content/uploads/2016/09/PersonalizedLearning_primer_2016.pdf. [31]

Burns, T. und P. Blanchenay (2016), "Learning to fail, not failing to learn", in *Governing Education in a Complex World*, Burns, T. und F. Köster (Hrsg.), OECD Publishing, Paris, https://dx.doi.org/10.1787/9789264255364-12-en. [22]

Burns, T. und F. Köster (Hrsg.) (2016), *Governing Education in a Complex World*, Educational Research and Innovation, OECD Publishing, Paris, https://dx.doi.org/10.1787/9789264255364-en. [19]

Deming, D. (2017), "The Growing Importance of Social Skills in the Labor Market", *Quarterly Journal of Economics*, Vol. 132/4, S. 1593-1640, http://dx.doi.org/10.1093/qje/qjx022. [14]

Domina, T., A. Penner und E. Penner (2017), "Categorical Inequality: Schools As Sorting Machines", *Annual Review of Sociology*, Vol. 43/1, S. 311-330, http://dx.doi.org/10.1146/annurev-soc-060116-053354. [17]

Ellis-Thompson, A. et al. (2020), *Remote Learning: Rapid Evidence Assessment*, Education Endowment Foundation, London, https://educationendowmentfoundation.org.uk/public/files/Publications/Covid-19_Resources/Remote_learning_evidence_review/Remote_Learning_Rapid_Evidence_Assessment.pdf. [33]

Escueta, M. et al. (2017), "Education technology: An evidence-based review", *NBER Working Paper Series*, No. 23744, National Bureau of Economic Research, Cambridge, MA, https://www.nber.org/papers/w23744.pdf. [26]

Faure, E. et al. (1972), *Learning to be: The world of education today and tomorrow*, International Commission on the Development of Education, UNESCO, Paris, https://unesdoc.unesco.org/ark:/48223/pf0000001801. [9]

Finkenauer, C. et al. (2019), "The social context of adolescent relationships", in *Educating 21st Century Children: Emotional Well-being in the Digital Age*, Burns, T. und F. Gottschalk (Hrsg.), OECD Publishing, Paris, https://dx.doi.org/10.1787/f71c8860-en. [35]

Frankowski, A. et al. (2018), "Dilemmas of central governance and distributed autonomy in education", *OECD Education Working Papers*, No. 189, OECD Publishing, Paris, https://dx.doi.org/10.1787/060260bf-en. [6]

Garcés, M. (2017), *New Radical Enlightenment [Nueva Ilustración Radical]*, Anagrama, Barcelona. [39]

Higgins, S., Z. Xiao und M. Katsipataki (2012), *The Impact of Digital Technology on Learning: A Summary for the Education Endowment Foundation*, Education Endowment Foundation, London und Durham University, Durham, https://educationendowmentfoundation.org.uk/public/files/Presentations/Publications/The_Impact_of_Digital_Technologies_on_Learning_(2012).pdf. [27]

Hofer, B. und P. Pintrich (Hrsg.) (2002), *Personal Epistemology: The Psychology of Beliefs about Knowledge and Knowing*, Routledge, New York und London. [40]

Istance, D. (2015), "Learning in Retirement and Old Age: an agenda for the 21st century", *European Journal of Education*, Vol. 50/2, S. 225-238, http://dx.doi.org/10.1111/ejed.12120. [11]

Istance, D. und A. Mackay (2014), "The future of the teaching profession: A new scenario set", *Occasional Paper*, No. 138, Centre for Strategic Education, Melbourne, https://www.cse.edu.au/zfiles/Occasional%20Paper%20138-secure.pdf. [5]

Knox, J., B. Williamson und S. Bayne (2019), "Machine behaviourism: future visions of 'learnification' and 'datafication' across humans and digital technologies", *Learning, Media and Technology*, Vol. 45/1, S. 31-45, http://dx.doi.org/10.1080/17439884.2019.1623251. [10]

Leadbeater, C. (2006), "The Future of Public Services: Personalised Learning", in *Personalising Education*, OECD Publishing, Paris, https://dx.doi.org/10.1787/9789264036604-8-en. [3]

Luckin, R. (2018), *Machine Learning and Human Intelligence: The future of education for the 21st century*, UCL IOE Press, London. [30]

Luckin, R. et al. (2016), *Intelligence Unleashed An argument for AI in Education*, Pearson und UCL Knowledge Lab, https://edu.google.com/pdfs/Intelligence-Unleashed-Publication.pdf. [29]

Mesch, G. (2019), "Online and offline relationships", in *Educating 21st Century Children: Emotional Well-being in the Digital Age*, Burns, T. und F. Gottschalk (Hrsg.), OECD Publishing, Paris, https://dx.doi.org/10.1787/11f6c5b4-en. [37]

Meynhardt, T. (2009), "Public Value Inside: What is Public Value Creation?", *International Journal of Public Administration*, Vol. 32/3-4, S. 192-219, http://dx.doi.org/10.1080/01900690902732632. [1]

Novak, M. (2012), "Predictions for Educational TV in the 1930s", *Smithsonian Magazine*, 29. Mai, https://www.smithsonianmag.com/history/predictions-for-educational-tv-in-the-1930s-107574983/ (Abruf: 12. Mai 2020). [25]

OECD (2019), *PISA 2018 Results (Volume III): What School Life Means for Students' Lives*, PISA, OECD Publishing, Paris, https://dx.doi.org/10.1787/acd78851-en. [36]

OECD (2019), "Play!", *Trends Shaping Education Spotlights*, No. 18, OECD Publishing, Paris, https://dx.doi.org/10.1787/a4115284-en. [13]

OECD (2018), "A brave new world: Technology and education", *Trends Shaping Education Spotlights*, No. 15, OECD Publishing, Paris, https://dx.doi.org/10.1787/9b181d3c-en. [28]

OECD (2018), "Blended learning", in *Teachers as Designers of Learning Environments: The Importance of Innovative Pedagogies*, OECD Publishing, Paris, https://dx.doi.org/10.1787/9789264085374-7-en. [38]

OECD (2018), *Equity in Education: Breaking Down Barriers to Social Mobility*, PISA, OECD Publishing, Paris, https://dx.doi.org/10.1787/9789264073234-en. [18]

OECD (2017), *PISA 2015 Results (Volume V): Collaborative Problem Solving*, PISA, OECD Publishing, Paris, https://dx.doi.org/10.1787/9789264285521-en. [16]

OECD (2016), *Trends Shaping Education 2016*, OECD Publishing, Paris, https://dx.doi.org/10.1787/trends_edu-2016-en. [8]

Paniagua, A. und D. Istance (2018), *Teachers as Designers of Learning Environments: The Importance of Innovative Pedagogies*, Educational Research and Innovation, OECD Publishing, Paris, https://dx.doi.org/10.1787/9789264085374-en. [41]

Pellegrino, J. (2017), "Teaching, learning and assessing 21st century skills", in *Pedagogical Knowledge and the Changing Nature of the Teaching Profession*, Guerriero, S. (Hrsg.), OECD Publishing, Paris, https://dx.doi.org/10.1787/9789264270695-12-en. [42]

Selwyn, N. (2011), *Education and Technology: Key Issues and Debates*, Continuum, London und New York. [2]

Sivan, A. und R. Stebbins (2011), "Leisure education: definition, aims, advocacy, and practices – are we talking about the same thing(s)?", *World Leisure Journal*, Vol. 53/1, S. 27-41, http://dx.doi.org/10.1080/04419057.2011.552216. [12]

The Institute for Ethical AI in Education (o. J.), *Interim Report Towards a shared Vision of Ethical AI in Education Contents*, The University of Buckingham, https://www.buckingham.ac.uk/wp-content/uploads/2020/02/The-Institute-for-Ethical-AI-in-Educations-Interim-Report-Towards-a-Shared-Vision-of-Ethical-AI-in-Education.pdf. [32]

Theisens, H. (2016), "Hierarchies, networks and improvisation in education governance", in *Governing Education in a Complex World*, Burns, T. und F. Köster (Hrsg.), OECD Publishing, Paris, https://dx.doi.org/10.1787/9789264255364-5-en. [7]

Weidmann, B. und J. Deming (2020), "Team Players: How Social Skills Improve Group Performance", *NBER Working Paper Series*, No. 27071, National Bureau of Economic Research, Cambridge, MA, https://www.nber.org/papers/w27071.pdf. [15]

Williamson, B. (2016), "Silicon startup schools: technocracy, algorithmic imaginaries and venture philanthropy in corporate education reform", *Critical Studies in Education*, Vol. 59/2, S. 218-236, http://dx.doi.org/10.1080/17508487.2016.1186710. [21]

Williamson, B. (2015), "Digital education governance: data visualization, predictive analytics, and 'real-time' policy instruments", *Journal of Education Policy*, Vol. 31/2, S. 123-141, http://dx.doi.org/10.1080/02680939.2015.1035758. [20]

www.ingramcontent.com/pod-product-compliance
Lightning Source LLC
Chambersburg PA
CBHW082354220526
45470CB00008B/2738